LETTRE

POLITIQUE, MORALE ET RELIGIEUSE,

ADRESSÉE

A M. BELLART,

PAR

M. CAUCHOIS-LEMAIRE.

Si j'ose paraître dans l'arène où vous avez jeté le gant, ce n'est point, le Ciel m'en préserve, avec le Procureur du Roi que je prétends avoir affaire c'est au publiciste seul, je le déclare, que je veux essayer de répondre.
Lettre du même au même, au sujet du Réquisitoire du 10 juin 1822.

A PARIS,

CHEZ LES MARCHANDS DE NOUVEAUTÉS.

1825

Publications du même Auteur.

Lettres sur les Cent-Jours, 1 vol. in-8°.

Lettre adressée à M. Delavau, président de la Cour d'assises de Paris, et à M. Ravignan, avocat-général, broch. in-8°.

Seconde Lettre à M. Delavau, préfet de police, broch. in-8°.

Réponse à un Catholique romain, broch. in-8°.

Lettre à M. Bellart, procureur-général, sur son réquisitoire du 10 juin 1822, broch. in-8°.

Les quatre Évangiles, précédés du discours de Marcel, curé du village de ***, et d'un avant-propos, 1 vol. in-18.

A M. BELLART,

PROCUREUR-GÉNÉRAL.

Paris, novembre 1825.

MONSIEUR,

La lettre que je vous adresse aujourd'hui vous
rappelle peut-être, comme à moi, celle que je vous
adressais il y a trois ans ; et ce souvenir nous re-
porte l'un et l'autre à une époque dont le rappro-
chement nous offre bien des sujets de méditation. Il
y a trois ans, je vous écrivais à l'occasion d'un réquisitoire politique : je vous écris aujourd'hui à
l'occasion d'un réquisitoire religieux. Aux doctrines
pour lesquelles vous vous armiez alors ont succédé
naturellement des doctrines pour lesquelles il faut
s'armer de nouveau ; et après avoir découvert tant
de conspirations contre le trône, voilà que l'on
commence à en découvrir contre l'autel. Déjà ce
mot redoutable de complot (1) vous échappe à vous-
même ; il est sans doute ici plus oratoire que judiciaire ; mais dans la bouche d'un procureur-général,
les paroles ont un sens bien significatif ; et la France

---

(1) C'est la religion qui, *dans leurs noirs complots*, est
aujourd'hui devenue le point de mire de leurs attaques.
(Texte du réquisitoire du 30 juillet 1825.)

I

sait que M. Bellart n'a pas l'habitude de parler en vain. Ce même mot, la dernière fois que vous le prononçâtes, eut un effet prompt et terrible : la date m'en est présente : c'est celle où nous a ramenés cette épître ; c'était il y a trois ans. Vous enveloppiez dans une vaste et commune accusation la France, l'Europe, le siècle et ces prévenus de la Rochelle, dont quatre des plus jeunes ont marqué de leurs noms cette page de notre histoire et de la vôtre.

Je vous ai quitté, monsieur, la veille de cette victoire remportée pour le dogme monarchique ; qui s'est affermi par des triomphes plus doux, et je vous retrouve donnant le signal de nouveaux combats juridiques sous les drapeaux de la prérogative sacerdotale. Cette fois, elle ne sollicite, par votre organe, que le silence de ses adversaires et des peines de police. Cet avantage obtenu, croyez-vous qu'elle s'en tienne là ? Croyez-vous n'avoir jamais à demander, en son nom, des peines plus graves ? Le code politique n'est rien auprès du code sacré ; en ouvrant à celui-ci les portes de Thémis, vous entrez vous-même dans un ordre de choses dont l'enchaînement et le terme sont difficiles à calculer. Le bras séculier qui se met au service de la puissance spirituelle ne se repose pas quand il veut. Puisse la loi du sacrilége, puisse la religion de l'état ne pas justifier mes craintes par votre exemple, et ne pas exiger des preuves trop nombreuses d'un zèle qu'ont

dû fatiguer, depuis dix années, tant de lois d'excep-
tion, tant de crimes de circonstance!

Une question qui n'est point étrangère au sujet
pour lequel je vous importune encore, se présente
ici : souffrez que je la soumette à votre loyauté.
Lorsque vous jetez les yeux sur la carrière que vous
avez parcourue depuis 1815; lorsque vous évoquez
au tribunal de votre raison et de votre conscience
cette longue série de mesures rigoureuses réclamées
ou surveillées par vous, ne vous arrive-t-il pas
d'être frappé de la différence que le temps, l'opinion, la législation elle-même, apportent entre des
actes pour lesquels il y a eu communauté de châtiment? Un jour vient où ces actes sont séparés par
une grande ligne de démarcation : les uns restent
criminels, ceux-là le sont partout et à toutes les
époques; les autres, au contraire, semblent changer
de nature, et sont considérés comme des erreurs
dignes d'excuse et quelquefois comme des traits dignes d'éloges. Ce phénomène a lieu lorsque les passions politiques s'apaisent; lorsque les principes
éternels reprennent l'empire qu'avaient usurpé des
doctrines passagères; il a lieu non-seulement pour
la postérité, mais souvent pour les contemporains;
non-seulement pour les autres, mais aussi pour soi-
même; et il est tel juge qui, au fond du cœur, a
cassé la sentence qu'il avait portée, et qui s'honore-
rait d'être l'ami de celui qu'il a condamné : car tous
les magistrats ne s'appuient pas sur la chose jugée

comme sur le roc pour braver de là le sentiment
universel et leurs propres émotions.

Mon dessein, Monsieur, n'est pas d'exhumer des
souvenirs lugubres à l'occasion d'un procès qui
heureusement n'a point ce caractère. En vous ex-
citant à un retour sur vous-même, j'ai interrogé
l'expérience du moraliste, la bonne foi de l'homme,
et je les conjure de me répondre s'ils envisagent
aujourd'hui toutes les causes où ils sont intervenus,
sous le même aspect qui les saisissait autrefois; s'ils
persistent à croire ce qu'autour d'eux tout dé-
ment, s'ils n'ont pas quelques doutes au milieu de
la conviction générale; et pour peu que leurs idées
et leur opinion se soient modifiées, je m'empare
de cet aveu, et j'ose vous inviter à placer l'avenir
entre vous et la cause présente, à voir d'avance
votre poursuite actuelle des mêmes yeux dont vous
voyez peut-être quelques-unes de vos poursuites
passées, et à vous dire à vous-même : « Quel est
l'objet de mon réquisitoire, indépendamment des
circonstances et des personnes qui dominent?
Était-ce un délit il y a quelque temps? Dans
quelque temps, sera-ce un délit? Un peu plus
tôt, un peu plus tard, me porterais-je accusateur? »

Non, et pas même aujourd'hui, si je pouvais
croire aux bruits qui se sont répandus. D'après ces
bruits, votre accusation ne serait pas spontanée;
vous solliciteriez, par déférence, la sévérité des

tribunaux; vous affecteriez même de rejeter la res‑
ponsabilité sur autrui. Enfin vous blâmeriez tout
bas la mesure que, tout haut, vous approuvez
avec chaleur, et que vous favorisez de toute votre
autorité légale. Voilà ce que l'on dit assez publi‑
quement. Faut-il ajouter foi à cette étrange expli‑
cation d'une démarche qui a paru fort étrange, il
est vrai? faut-il ainsi justifier l'homme privé aux
dépens du fonctionnaire, et faire injure à l'indé‑
pendance de celui-ci pour faire honneur à la raison
de celui-là? Je ne saurais, je l'avoue, admettre cet
expédient, bien qu'il ait l'aveu de gens qui se di‑
sent vos amis. Cela dérangerait toutes les idées que
je me suis faites de votre caractère. A peine ai-je
entrevu votre personne ; mais je connais vos dis‑
cours, qu'elle ne semble pas démentir; et sauf quel‑
ques changemens de noms propres dans les for‑
mules d'éloges, j'ai remarqué dans votre style
beaucoup plus d'inflexibilité que de souplesse. De‑
puis 1815 surtout, vous aviez conquis, à défaut
de l'affection de vos concitoyens, cette sorte d'es‑
time qui s'attache à une croyance opiniâtre et fer‑
vente, à une conviction, pour ainsi dire, passionnée
dans l'accomplissement de ce que vous regardiez
comme le devoir de votre place, impassible dans
les résultats : c'est alors, si je puis rapprocher le
magistrat du guerrier, c'est alors qu'on vous ap‑
pelait l'homme de fer, comme on avait appelé le
maréchal Ney l'homme de feu. Cette dénomination,

qui n'a pas cessé de vous caractériser à mes yeux ; vous exprime vivement combien je suis choqué des rumeurs qui nous présentent un acte de rigueur de votre part contre des écrivains de l'opposition comme un acte de courtoisie pour l'autorité, et qui, sous des formes austères, vous prêtent les ar-rière-pensées de la diplomatie. Je dois pourtant me soulager d'un souvenir pénible que m'a laissé une lettre signée de vous, et que j'ai lue, je crois, dans le *Drapeau blanc*. M. Barris, président de la Cour de cassation, venait de mourir: Les-espéran-ces, les prétentions s'émurent. On parla de vous; et, à ce sujet, vous déclarâtes que votre ambition était satisfaite, et que vous aviez reçu le prix de vos travaux. Quel était, pour des travaux d'une pareille nature, la récompense qui ne vous laissait plus rien à désirer? Était-ce celle que donne à un magistrat le témoignage de sa conscience d'accord avec la con-science publique ; celle qui naît de la certitude de ne s'être jamais mépris, d'avoir frappé de vrais coupables, d'avoir réellement servi la justice et la morale? Vous ne fîtes aucune mention de cette douce et auguste récompense. Des personnages puissans vous ont souri ; des princes ont familiè-rement causé avec vous; vous avez eu l'honneur d'être admis en présence de plusieurs têtes cou-ronnées. Dès-lors, vos vœux sont comblés, et comme un autre Siméon, vous pouvez mourir. Ce langage, il faut bien vous le dire, me surprit au dernier point de la part d'un homme qui m'était toujours apparu, à la tribune ou près d'une cour d'assises, gourmandant la fragilité humaine, fulminant des votes ou des réquisitoires; il m'affligea de la part d'un accusateur général dont les yeux frappés sans cesse par de solennelles images, ne semblent pas devoir se détourner sur les hochets de la grandeur; je fus comme déconcerté lorsque j'entendis cette voix si connue par son âpreté stoïque, s'assouplir tout-à-coup et moduler l'idiôme des cours.

Toutefois, un jour n'effaça point de ma mémoire votre vie entière, et cette impression nouvelle fut bientôt dominée par la plus ancienne : votre physionomie me revint telle que dix années l'ont gravée dans mon esprit, et en ce moment c'est elle encore que j'ai devant moi. Mais le monde est autrement fait, et, soit méchanceté, soit plutôt habitude de ces sortes de métamorphoses, il a mêlé les traits du correspondant de la feuille jésuitique à ceux de M. Bellart. Aussi votre style épistolaire a-t-il été d'abord cité à propos de votre style oratoire; et l'on s'est mis à dire ce que je vous redisais à l'instant, en refusant d'y croire. Vous ne vous êtes pas plus tôt avancé vers la balance de Thémis, pour placer d'un côté le poids de votre accusation, qu'on a jeté de l'autre le prix auquel votre ambition aspire; et l'action du magistrat s'est affaiblie de toute l'importance que le sujet attache à la faveur. Quelle est

la puissance du jour? s'est-on demandé : la congrégation. A qui peuvent s'adresser encore des vœux
comblés par le sourire des rois, sinon à celui qui
porte une triple couronne? Le nouveau réquisitoire est une requête présentée au pape, qui en-
verra à son très cher fils un bref de félicitations et de
bénédictions : les grâces célestes peuvent seules ten-
ter le mortel qui a obtenu les bonnes grâces des
grands de la terre. Tels sont les discours du monde,
qui sont autorisés par ceux que de prétendus amis
vous font tenir à vous-même, et par la distinction
qu'ils ont établie entre votre manière de voir et
votre manière d'agir; distinction que vous désavouez
à coup sûr, et que pour ma part je n'hésite point
à déclarer calomnieuse. Oui, Monsieur, je repousse
une solidarité fâcheuse entre les sentimens, les fai-
blesses, peut-être, dont votre lettre au *Drapeau
blanc* nous fait la confidence, et les motifs qui ont
déterminé votre poursuite; je la repousse, non-
seulement parce qu'elle est contraire à l'opinion que
vous m'avez inspirée, mais parce qu'il en rejaillirait
sur vos poursuites précédentes des doutes et des in-
terprétations qui me répugnent encore davantage.
Quoi, dirait-on, ces doctrines professées avec véhémence et vengées avec éclat, ces principes dont
l'expression, dans des manifestes judiciaires, est si
pompeuse, dont la conclusion est si formidable,
viennent d'un homme accessible à quelques jouis-
sances de vanité, capable de céder à l'influence du

pouvoir! Ces anciens foudres furent lancés par la même main qui rédige ou qui transcrit, peut-être, un réquisitoire de complaisance! Vous apercevez de suite où vont les conséquences d'un pareil soupçon. C'est par là, surtout, que je ferme la bouche à ceux qui, pour vous donner un air de modération et d'habileté, vous supposent une opinion personnelle, différente de l'opinion du procureur-général. Ne pensez-vous pas, comme moi, que leur justification est un outrage? Ne préférez-vous pas à de tels amis un adversaire qui vous croit dans l'erreur, il est vrai, mais dans une erreur de bonne foi?

Qu'il se fasse donc entre nous, Monsieur, un échange de procédés; et puisque je vous reconnais tant de sincérité, daignez m'accorder le droit d'en avoir un peu. Franchement donc, et avant d'aller plus loin, la forme de votre réquisitoire n'est pas convenable; elle manque de cette simplicité, de cette dignité qui est de si bon goût en pareille matière. Ce n'est que jeu de phrases, affectation de persiflage, et ce n'est point ainsi que parlent la loi et la religion. Ce ton déclamatoire et badin tout-à-la-fois ressemble beaucoup trop à celui de cet ancien réquisitoire, à l'apparition duquel je suis entré en correspondance avec vous, et dont une métaphore, entre autres, excita une gaîté universelle, qui bientôt, il est vrai, fit place à un tout autre sentiment. Vous compariez, je crois, l'excès de civilisation à l'excès d'embonpoint, et, docteur de

sinistre augure, vous désespériez du corps social.
Si je rappelle cette image peu grave, c'est dans
une intention très sérieuse. Il est évident, aujour-
d'hui, que vous vous trompiez alors. Le ciel, plus
indulgent, n'a point accompli vos prédictions; ou
plutôt ses lois éternelles ont continué d'avoir leur
cours. Par un mélange bizarre, vous proscriviez en
même temps les choses et les personnes; les choses
du moins ont survécu. Le perfectionnement social,
qui voulait faire irruption, s'est glissé à travers les
obstacles et n'en a que mieux pénétré partout. La
jeunesse recueille, en dépit de mille entraves, la
moisson d'idées que le temps a semées de toutes
parts, que la contradiction mûrit chaque jour. La
nation, privée de bien des droits politiques, s'est
repliée sur la vie privée, s'est concentrée dans les
intérêts de famille; et pour y satisfaire, elle a tourné
son activité vers le travail et le commerce, activité
personnelle, sans doute, mais féconde en résultats
d'utilité et de prospérité générales; activité maté-
rielle, si l'on veut, dans son exercice apparent,
mais morale dans son principe, puisqu'il remonte
à Dieu lui-même, qui en a fait la condition de l'espèce humaine; morale dans ses rapports avec l'in-
telligence, la législation et l'ordre public; morale
et chrétienne dans son application, puisqu'elle est
incompatible avec un grand nombre de vices, puisqu'elle est pacifique de sa nature, puisqu'elle gué-
rit la lèpre de la pauvreté, qui se propage sous la

théocratie, et pour laquelle la charité même n'a que des palliatifs.

Non, non, Monsieur, ce n'est point par là que la société est menacée de périr. Elle a, au contraire, acquis de nouvelles forces, qu'elle doit précisément à cette civilisation pour laquelle vous étiez naguère un prophète de malheur. Le vieux système, dont vous vantiez la sagesse, est considéré comme une folie dans sa résurrection au temps actuel; à peine quelques esprits étroits et indociles rêvent-ils encore l'aristocratie d'autrefois, qui leur donne elle-même, chaque jour, un démenti, en faisant alliance avec le siècle, du moins dans ce qu'il a de profitable, en se laissant aller au mouvement de cette industrie, dont les miracles trouvent encore des détracteurs, mais ne trouvent plus d'incrédules. L'industrie poursuit sa course au milieu de clameurs sauvages; elle fait vivre ceux qui voudraient l'anéantir. Elle a réparé nos désastres, comblé l'immense mesure des fautes et des sottises de ses ennemis, apaisé nos discordes civiles; par elle les liens de famille, si long-temps rompus, se sont renoués; les hommes les plus opposés d'opinion se sont associés, enrégimentés, sans le savoir, pour la conquête du bien-être commun, pour les progrès de la civilisation. Jeune affranchie, l'industrie s'est placée près du trône constitutionnel, dont elle fait la force, qu'elle défend seule contre d'hypocrites serviteurs, qui deviendraient bientôt des maîtres insolens, et d'où

elle dicte des lois auxquelles presque tous sont heureux, et quelques-uns sont obligés de se soumettre.

Ainsi, Monsieur, ce que vous considériez naïve-
ment comme un mal, est le remède auquel ont
cédé nos maux véritables; ce que, dans vos sar-
casmes, vous appeliez utopie, se réalise à vos yeux;
et les idées même se transforment en faits, qui,
loin de dissoudre le corps social, lui donnent une
vie nouvelle et le garantissent de la dissolution où le
conduisaient vos doctrines. Tout le monde fait aujourd'hui ce qu'il eût été presque coupable de dire
il y a quelques années; et l'autorité elle-même
prend ou sanctionne des mesures dont le seul projet eût été foudroyé par vous. Si les périls qui vous
semblaient redoutables sont devenus nos moyens de
salut, ceux que vous ne redoutiez pas étaient les plus
dangereux. La sainte-alliance, objet de votre culte,
s'est montrée peu digne de vos hommages et de
vos sacrifices. Vous la célébriez en nous accusant,
et c'est elle qui devait, sur le théâtre de la Grèce,
donner au monde ce spectacle dont s'indignent la
piété, la morale et l'humanité. Comparés a ses
agens, turcs sous le nom de chrétiens, que sont les
criminels ordinaires sur lesquels vous avez raison
d'appeler les rigueurs de la justice? C'est elle encore, c'est votre sainte-alliance qui, après avoir
écrasé Naples, et foulé l'Italie sous le pied autri-
chien, devait ouvrir, par nos mains, le gouffre de
l'Espagne sanglante. Ses congrès tant vantés, que

sont-ils devenus ? Leur diplomatie a dégénéré en police, qui, elle-même a enfanté une inquisition mystique, mal cruel des vieux états, plaie honteuse dans les états modernes. Au moment même où vous preniez de nouveau la parole pour dénoncer je ne sais quelle conspiration permanente des peuples contre la sainte-alliance, celle-ci renfermait dans son sein, pour la vomir sur la France, cette société secrète, véritable foyer de conspirateurs européens, auxquels résiste à peine toute la vigueur de notre civilisation.

Vous le voyez, vos erreurs en politique étaient grandes et funestes. Une leçon pareille aurait dû, ce me semble, vous rendre moins prompt à décider des intérêts de la religion, et surtout à les venger. Hélas! ce dernier mot lui-même est peu chrétien ; et si l'auteur de l'évangile reparaissait parmi nous, il est facile de juger, par les préceptes et les exemples de son livre sacré, de ce qu'il dirait du royaume de César accourant au secours du royaume de Dieu ; de ce qu'il dirait à la vue de son image, planant sur le tribunal où comparaissent des hommes accusés de tendance contre lui. Jésus, malgré sa douceur, faisait parfois usage de la raillerie : de qui rirait-il en cette occasion? Mais, entre nous, pauvres humains, le sujet est sérieux. Quelle importante et difficile question, en effet, que celle que vous tranchez d'abord, monsieur? Elle divise en mille sectes l'empire chrétien; et, pour nous borner à la croyance romaine, elle se subdivise en mille nuances sur lesquelles les Ultramontains ne sont pas d'accord avec les Galli- cans, les Jansénistes avec les Jésuites, les évêques avec les curés, et ces nuances peuvent devenir des schismes, des hérésies. L'histoire des controverses nous montre Bossuet aux prises avec Fénélon, et celui-ci condamné à la grande surprise de ses bre- bis, qui durent apprendre avec effroi qu'elles avaient failli être égarées par leur pasteur. Qui de nous ne voudrait être Fénélon? Il errait pourtant si l'on en croit Bossuet et le pape qui, à son grand regret, laissa tomber du haut de son trône pontifical la bulle que sollicitait puissamment Louis XIV. Si, à son tour, le cygne de Cambray n'eût pas laissé mourir ses chants contemplatifs, quelque procureur du temps eût pris, contre lui, fait et cause pour la re- ligion de l'état. Quelles vertus, quels talens ont im- mortalisé Port-Royal! Mais Port-Royal avait une tendance anti-jésuitique qui valut à ses solitaires l'exil, la prison, et à leurs cellules même une des- truction barbare. Les lettres de Pascal furent brû- lées par la main du bourreau, comme des libelles hérétiques et diffamatoires. L'auteur de l'Exposition de la foi catholique disait qu'un mot au lieu d'un autre pouvait être de la plus haute conséquence ; aussi pesa-t-il chaque syllabe de son ouvrage, qu'il soumit encore à l'examen des plus doctes auto- rités. Et la main ne vous a pas tremblé lorsque vous avez exposé vos doctrines religieuses sous la forme la plus acerbe, sous la forme d'un réquisitoire !

Déjà un vétéran du sacerdoce (1) a relevé quelques-unes de vos assertions ; il vous a fait voir que vous étiez mal informé touchant la situation de l'Église gallicane, qui est fort périlleuse selon lui, qui est hors de toute atteinte selon vous. Lequel croire? Saurez-vous mauvais gré à celui qui, dans une affaire de théologie, se rangera du côté du théologien ! Et d'ailleurs, lorsque vous affirmez, celui-ci prouve; il vous montre cet ultramontanisme que vous n'aperceviez pas, nous environnant de toutes parts ; consacré par une bulle récente, respirant dans tous les actes de l'autorité ecclésiastique, comptant presque autant de soldats que de membres du clergé, s'insinuant, par les livres d'éducation, dans l'esprit de la jeunesse, envahissant la chaire et le confessionnal. Et vous n'en savez rien ! Et vous lancez des réquisitoires religieux ! Mais si, comme il y a toute apparence, le prêtre a raison, le procureur du roi a doublement tort : il a tort comme chrétien peu éclairé qui se mêle d'instruire les autres ; il a tort comme magistrat, qui, avant de jeter le cri d'alarme, doit mieux voir où est le danger. C'était le cas de vous rappeler les instructions de d'Aguesseau. Au nombre des études nécessaires aux fonctions que

_____

(1) Lettre à M. Bellart sur son réquisitoire du 3o juillet, par M. T...., chez Fortic, libraire, rue de Seine, n° 21.

vous remplissez, il place, d'une manière spéciale,
l'étude des libertés de l'Église gallicane. Je ne prétends certes pas que vous deviez vous arracher à vos
occupations civiles pour vous livrer au droit canon;
et plût à Dieu que ce droit ne fît plus partie de nos
codes! Mais puisque nous avons une loi pénale en
faveur de la religion de l'État, comme cette religion
est apparemment la religion gallicane, encore était-il
convenable de s'en former une idée juste avant de
saisir les tribunaux de cette question délicate. A cet
égard, un livre vous aurait tenu lieu de tous les
autres; il est d'un évêque catholique, il est d'un
homme recommandable par sa science et ses vertus
apostoliques, et pourtant j'ose à peine prononcer
son nom devant vous; il est enfin de M. Grégoire (1).
Eh bien! soit; repoussez, sous ce nom que tant
d'autres vénèrent, la plus pure doctrine de l'Église;
mais que ne lisiez-vous, du moins, un petit volume
bien court d'un jurisconsulte célèbre, le volume
où M. Dupin (2) a renfermé tout ce qu'il y a des-
sentiel sur cette matière? Pardon si je suppose de
votre part cette omission ou cette ignorance; mais

_____

(1) Essai historique sur les libertés de l'Église gallicane et
des autres Églises de la catholicité, pendant les deux derniers
siècles. Un fort volume in 8°. 1826.

(2) Libertés de l'Église gallicane, suivies de la déclaration
de 1682, avec une introduction et des notes. Un vol. in-12.
1824.

la persuasion où je suis de votre bonne foi ; ne me,
permet pas de croire que vous ayez connaissance de
l'antique théorie des libertés de l'Église gallicane ;
sans quoi le contraste de la pratique actuelle vous
eût révolté, sans quoi vous n'auriez pas prêté le secours du ministère public aux doctrines et aux
hommes que d'Aguesseau eût combattus, vous n'auriez pas, sans le vouloir, dit à la justice le contraire
de la vérité. En échappant à ce malheur, vous auriez évité un désagrément personnel. Vous vous se-
riez épargné les remontrances d'un théologien au
moment où vous faites de la théologie judiciaire ;
vous auriez prévenu celles que vous préparent encore l'érudition, la verve et la logique d'un avocat
parlementaire. Pour moi, faible écolier entre ces
deux maîtres, je me borne à cette remarque, dont la
conséquence est d'un fâcheux présage pour les autres points de votre réquisitoire.

Et tenez, voici justement, en style de prône, l'a-
pologie, l'éloge même de certaines pratiques religieuses, de certaines dévotions particulières qui res-
semblent beaucoup à celles dont gémissait saint
Augustin. Les sacrés cœurs de Jésus et de Marie
occupent une grande place dans ces fêtes. Donnez,
je vous prie, un coup d'œil à un opuscule qui traite
ex professo de cette adoration. Il sort de la même
plume qui vous a tracé déjà des enseignemens utiles ; les principes en sont puisés aux sources les
moins équivoques ; le prêtre que j'ai ici pour moi,

2

a pour lui les autorités qui font loi dans le gouvernement de l'Église. Eh bien! ces dévotions que
vous approuvez sont condamnées comme superstitieuses, idolâtres, hérétiques. L'entendez-vous? hérétiques! Je ne dis rien de ce qu'elles ont souvent
d'immoral, et il y aurait beaucoup à dire. Votre
surprise est grande et la mienne aussi. Vous dé-
noncez des journalistes comme indévots, vous voilà
signalé comme peu orthodoxe; vous publiez contre
eux un acte de foi, voilà la pureté de votre foi com-
promise. Étrange spectacle! Celui qui lance la fou-
dre religieuse ne connaît pas bien la religion! Celui
qui veut convertir les autres par la grâce du code
pénal est suspect de favoriser la tendance à l'hérésie
et presque à l'idolâtrie! L'avocat du Roi, sous la
sauvegarde duquel sont placées par d'Aguesseau,
par les maximes et les usages du parlement, par
ses devoirs, les libertés de l'Église gallicane, déserte
leur défense, et vient prêter main-forte aux zéla-
teurs de pratiques superstitieuses!

Ce qui fait toujours mon étonnement, Monsieur,
c'est votre assurance imperturbable au milieu de
ces continuelles aberrations; c'est cette assurance
qui éclate même par l'ironie. Cette arme, vous le
savez, est mortelle pour celui qui l'emploie mal à
propos. Et si jamais elle s'est retournée dans la
main de l'agresseur pour le blesser lui-même, c'est
bien dans l'attaque qui nous force à nous mettre
sur la défensive. Et ce *nous* qui m'échappe, vous

dit assez que j'ai pour entrer dans les rangs de la
défense plus que les droits d'une opinion contraire
à la vôtre. Je ne suis point étranger, je le confesse,
à la rédaction de cette *Petite gazette ecclésiastique*,
dont plusieurs passages figurent parmi les griefs im-
putés aux feuilles constitutionnelles ; et malgré les
épithètes d'impie et d'athée dont vous n'êtes point
avare pour l'auteur, je crois avoir autant de religion que vous. Il est vrai que nous sommes religieux chacun à notre manière, et que nos scrupu-
les portent sur des objets bien différens. Si je vous
scandalise, vous êtes souvent pour moi un grand sujet
de scandale, et j'aimerais mieux avoir rédigé mille
petites gazettes que d'avoir libellé un seul de vos
réquisitoires politiques. Le Dieu auquel j'ai foi est
le Dieu de la miséricorde, de la tolérance, de la
liberté ; c'est le Dieu qui protége le faible, l'op-
primé, qui élève les petits et abaisse les grands, qui
maudit les pharisiens et les prêtres hypocrites ; c'est
le Dieu de l'Évangile dans son texte pur, dans son
texte sans commentaires ; de cet Évangile où l'on
ne trouve ni loi de sacrilége, ni religion d'état,
ni vague tendance au moyen de laquelle celui
qui n'est coupable d'aucun délit particulier, devient cependant coupable d'un délit général qu'on
ne peut définir. Tel est à peu près le crime que,
sous le nom de blasphème, on imputait à Jésus-
Christ. Et en effet, sa doctrine avait une tendance peu favorable à la religion d'état, telle

que l'avaient faite les prêtres et les pharisiens.

Si ma profession de foi diffère de celle de votre réquisitoire, elle est du moins évangélique, et la vôtre n'est pas même conforme au catholicisme de l'Église gallicane. Un père de cette église vous a convaincu d'erreur grave ; et j'ai surpris notre caustique censeur encourant les censures ecclésiastiques, et je le retrouve encore la moquerie à la bouche, aiguisant les traits qu'il est si facile de lui renvoyer. Et Dieu et M. Franchet savent si le Français né malin use de cette facilité ! Pour moi, Monsieur, je ne me rendrai point dans cette lettre l'écho des salons, des cafés, ni même du Palais. Loin de céder à l'exemple général, j'éprouve un sentiment pénible à l'aspect d'un magistrat placé dans une situation si fâcheuse, et tenant un langage si extraordinaire, que ses paroles ont un effet et, pour ainsi dire, un sens opposé à son intention, que ses railleries retombent sur lui-même et sur ses amis, que ses argumens se rétorquent et se réfutent tout seuls, que ses éloges enfin sont des satires piquantes. Croirait-on, Monsieur, si on ne le voyait, que le goût du persiflage vous emporte jusqu'à dire, sous la forme de contre-vérités, que les moines sont oisifs, les capucins barbus, les frères de la doctrine, des ignorantins; que les marchands de rosaires spéculent sur la ferveur qui ne sait pas lire; que les quêtes, les locations de chaises, les taxes, les tarifs pour chaque cérémonie, pour chaque prière, viennent d'un esprit de fiscalité; que le haut clergé étincelait de pierreries au sacre du roi; que les évêques vont en carrosse, que leur faste s'alimente par l'inégale répartition des salaires ecclésiastiques? que sais-je, enfin? qu'on ne rencontre que charlatans et tartufes? Eh, monsieur, vous qui êtes rhéteur, parfois, oubliez-vous donc les premières lois de la rhétorique? Oubliez-vous qu'avec un peu d'art, il est des choses qu'on sait omettre dans certains sujets; qu'il est des noms près desquels on s'abstient de placer certaines épithètes? Comment, par exemple, vous avisez-vous de déclarer que l'esprit de parti n'a pas de bonne foi? c'est une vérité; mais toute vérité n'est pas bonne à dire en tout lieu. Comment, en face du spectacle que nous donne la puissance prétendue spirituelle aux prises avec la puissance administrative, au bruit des querelles qui s'enveniment entre la congrégation et le ministère, comment avez-vous le courage de badiner sur l'ambition monstrueuse des corps religieux, sur leur irruption dans la politique, sur leur projet de tyranniser les consciences et le gouvernement lui-même? Eh quoi! cette ambition, cette irruption, cette tyrannie sont flagrantes; et il n'y a certes pas de quoi rire; il n'y a pas surtout de quoi livrer aux tribunaux ceux qui ne trahissent pas leurs devoirs de citoyens, ceux qui ont assez de dévoûment pour signaler et le mal et sa cause cachée, sur laquelle vous gardez le silence.

„Oui, Monsieur, pour vous emprunter un instant et vos expressions et une figure que vous affectionnez, oui, Monsieur, *des brouillons s'agitent encore.* M. de Montlosier les a nommés, de nouvelles Provinciales les démasquent, la Belgique les surveille, la Russie les chasse, l'Espagne les montre tels qu'ils sont, la France en est tourmentée, le trône en est obsédé, le ministère en est débordé ; vous seul ne les voyez pas. Oui, ces brouillons *sèment le trouble pour recueillir du pouvoir*, et déjà même la moisson est abondante pour eux, et bientôt elle sera complète ; tout le monde le sait et s'en alarme ; vous seul n'en savez rien et plaisantez ; et un réquisitoire à la fin duquel on lit : *En dépit de leur hypocrisie, leurs desseins sont mis à nu ; il est temps que la justice ouvre les yeux sur de telles fureurs pour les réfréner ;* ce réquisitoire ne désigne point la faction hypocrite qui, en Espagne, assassine avec un fer sacré ; qui, en France, ose nous vanter et nous promettre le bonheur de l'Espagne ; il menace deux journaux de l'opposition qui dévoilent et combattent de telles fureurs. Il faut en convenir, Monsieur, la justice, si elle n'était éveillée que par vous, n'ouvrirait pas les yeux sur des coupables bien dangereux, ni bien difficiles à réfréner. On a pu remarquer que dans le cours de nos dernières réactions, si fécondes en crimes, votre sagacité à découvrir les criminels, et votre courage à les poursuivre, ne vous ont jamais exposé à rencontrer des

hommes puissans; et voilà qu'aujourd'hui, au milieu de toutes les hypocrisies qui se fraient un chemin à la fortune et à la domination, vous ne tenez
pour hypocrites que ceux qui luttent dans les rangs
opposés, avec quelque désintéressement, sans doute,
puisque les places et les faveurs ne sont assurément
pas pour eux; avec quelque courage, puisque outre
leurs ennemis ordinaires et déjà redoutables, ils ren-
contrent en vous un ennemi qu'ils étaient loin d'at-
tendre. Que diriez-vous d'un homme qui, à la re-
présentation du chef-d'œuvre de Molière, prendrait
ce bon M. Tartufe pour un saint personnage, et
voudrait qu'on envoyât Cléante en prison, comme
étant le vrai Tartufe qui appartient de droit à la
justice?

En présence de scènes plus réelles, lorsque autour
de nous, lorsque chez nous s'agite une tourbe d'ambitieux fanatiques ou qui jouent le fanatisme, ne
serait-ce pas une chose risible, si elle n'était déplorable, d'entendre le premier organe du ministère
public s'écrier : *Non, ce n'est pas le fanatisme, ce
n'est pas l'ambition du clergé qui est à craindre ?*
Vous ajoutez, il est vrai, comme inquiet de votre
propre sécurité : au reste, *le gouvernement, par devoir, par raison, par intérêt, saurait leur résister.*
Ce que vous affirmez est positivement ce que nous
révoquons en doute. Nos voisins d'au-delà des Py-
rénées en font l'épreuve. Chez eux, la raison d'état,
la nécessité, notre armée, l'intérêt de deux pays,

offrent-ils la moindre résistance efficace à ce fanatisme qui repose, selon vous, dans la poussière des
tombeaux, et qui revit en effet pour y précipiter la
moitié de la génération espagnole? En France aussi,
les cris de détresse du ministère vous le révèlent assez, si vous n'entendez pas le cri public, en France
le *vieux fantôme* est revenu, et l'on peut croire que
ces accusations d'athéisme et de matérialisme qui retentissent depuis son apparition ont pour but de
donner le change, et de nous détourner de la guerre
qui nous menace. Les vrais et les plus dangereux
athées, ce sont les tartufes. En dépit de votre apparente confiance, vous éprouvez vous-même quelque
appréhension. Vous ne vous dissimulez pas tout-à-
fait qu'ils peuvent dominer le gouvernement, qu'ils
peuvent s'en emparer, et qu'alors cet intérêt, ce devoir où vous trouviez une garantie, changerait de
nature. Ces hommes, devenus maîtres absolus de
l'administration, ne se résisteraient pas à eux-mêmes. Que leur opposer alors?

L'esprit du siècle, répondez-vous. Quoi! cette
puissance que vous avez tant de fois maudite, vous
la reconnaissez, vous l'invoquez! L'esprit du siècle,
objet de vos terreurs et de votre indignation, ce
conspirateur que vous dénonciez à l'Europe, ce prévenu que vous traduisiez sur les bancs de la Cour
d'assises et en faveur duquel j'élevais, il y a trois
ans, une faible voix, c'est lui que vous appelez, ou
peu s'en faut, au secours de la société! N'est-ce point

là une de ces ironies qui vous sont familières ? N'est-ce point que vous pensez qu'il est trop tard ? Mais non ; je rejette cette idée ; je veux toujours croire à votre franchise, et j'accepte l'auxiliaire que vous nous offrez contre le fanatisme. Seulement, je vous demande pour lui ce que vous demandez pour l'esprit monastique : que tout ce que la loi ne défend pas lui soit permis. Demanderai-je encore que, dans les poursuites judiciaires, il n'y ait pas faveur pour les uns et sévérité pour les autres ; que de la part de l'administration il n'y ait pas privilége pour les uns et persécution ouverte ou cachée pour les autres ? Que de fois ne l'avons-nous pas dit ? Qu'on laisse les principes lutter contre les principes, les doctrines contre les doctrines, l'esprit contre l'esprit. Ainsi, une école en combattra une autre, la presse répondra librement à la presse, et la vérité jaillira de ce choc. Jusqu'à présent nos adversaires ont largement usé des traits qu'on a émoussés entre nos mains. On aurait dit des nobles d'autrefois se battant contre des vilains, ceux-ci à pied et le visage découvert, ceux-là à cheval et la visière baissée. Que désormais les champions de part et d'autre se comportent en loyaux chevaliers ; rétablissez l'égalité des armes.

L'égalité ! Je me trompe : nos vœux étaient plus modestes, et n'ont pas été accueillis. Je les retrouve encore consignés dans une de ces pétitions périodiques sur lesquelles l'autorité passe dédaigneusement à l'ordre du jour. Que les journaux de la congréga-

tion soient aidés par le trésor, disions-nous ; que
ses livres mystiques, jésuitiques, fanatiques, cir-
culent avec autorisation , et se distribuent gratuite-
ment ; nous ne revendiquons que le droit d'imprimer
et de réimprimer conformément aux lois, sans que
les imprimeurs, les libraires et les auteurs soient en
butte aux tracasseries et aux vengeances administratives. Vaines réclamations ! Vous savez, Monsieur,
ce qui arrive à ces pauvres libraires, et comment la
plus légère faute reconnue par la justice, est encore
punie par la police comme le plus grand crime ;
vous savez quels *index* menaçans désignent certains
auteurs aux imprimeurs que la moindre contraven-
tion peut ruiner ; vous savez jusqu'à quel point on a
raffiné sur la torture morale, et comment celui qui
se soustrait, par miracle, aux coups directs, est atteint dans la personne de ses parens ou de ses amis ;
vous savez à quelle inquisition est livré chaque ca-
binet littéraire ; les lecteurs français sont décidément
mis en surveillance, et l'on pourrait croire que nous
revenons au temps du pape Paul II, qui, voyant des
savans italiens former une académie, les regarda
comme une bande de conjurés et leur fit donner la
question.

Notre pétition poursuivait en ces termes : Procla-
mez hautement vos doctrines, attaquez les nôtres ;
de votre propre éloge, passez aux accusations contre
nous : souffrez seulement que nous mettions sous les
yeux du public, notre juge, les pièces du procès.

Et c'est là, Monsieur, ce que vous ne voulez pas souffrir; ces pièces du procès sont l'objet de votre poursuite. Il nous est interdit de nous défendre en exposant les faits. Ce qui est sacré dans l'action est coupable dans le récit. Nous ajoutions encore : Lorsque la presse ultramontaine multiplie les échos d'un petit nombre de voix, ne détruisez pas, ne faussez pas, par des coups patens ou secrets, la presse constitutionnelle, organe de tant de millions de citoyens. Et il ne tient pas à vous, Monsieur, que celle-ci ne soit frappée du coup le plus funeste, puisque après avoir été condamnée au silence, il ne lui sera permis de le rompre que sous le glaive toujours suspendu qui l'aura déjà grièvement blessée. De grâce, disions-nous enfin, lorsque les écoles des frères ignorantins s'élèvent et se soutiennent par la voie de l'impôt, n'empêchez pas les écoles d'enseignement mutuel de subsister par des dons volontaires. Et cette prière elle-même figure au nombre de nos délits; elle est enregistrée dans votre réquisitoire ! Dans le partage que nous faisions, notre lot a paru énorme : et pourtant il restait du côté de vos amis l'ascendant de l'autorité, de la fortune, des places, des honneurs, de tout ce qui tente l'ambition et la cupidité; il ne restait du nôtre que l'influence morale : vous la proscrivez maintenant sous le nom de tendance. Et quand vous avez enchaîné son essor, étouffé sa voix, mutilé ses défenseurs, l'esprit du siècle suffit tout seul, venez-vous dire, et avec lui le fanatisme n'est point à craindre. Quoi! s'écrie Voltaire, vous dites que les temps de Jacques Clément ne reparaîtront plus? Je l'avais cru comme vous; mais nous avons vu depuis les Malagrida et les Damiens.

Cependant et pour mieux marquer le contraste, l'esprit monastique ne jouit pas seulement de la liberté qu'on nous refuse : il est l'objet de toutes les prédilections. Vous le peignez comme persécuté par nous ; en vérité la persécution est d'une espèce nouvelle, et nous l'échangerions bien volontiers pour la protection qui nous est accordée. C'est vous qui nous suppliez de permettre aux gens de s'habiller à leur fantaisie : eh, bon dieu ! que les gens se mettent en frac, en manteau, en robe, en *domino* ou en masque s'ils veulent; qu'on nous permette seulement d'en rire quand ils sont ridicules. La manière de se vêtir n'est pas au reste si libre que vous semblez le croire : un accoutrement étrange attirerait bientôt l'attention de la police, qui se mêle, non sans profit, d'imposer l'uniforme aux cochers de place. Voici bien autre chose : vous invoquez la tolérance en faveur de ces hommes qui ne demandent qu'à se retirer au milieu des compagnons de leur choix, dans le port où ils seront à l'abri des tempêtes et des agitations de la vie. Encore une fois, que des hommes se retirent seuls ou en compagnie, à la ville ou à la campagne, dans une chaumière ou dans un château, dans une maison

bâtie d'une façon ou d'une autre ; c'est ce que la
police ne tolérerait pas toujours, mais, à l'excep-
tion d'elle, c'est un droit que personne ne songe
à contester ; nous demanderons seulement quel rapport a cette simple faculté commune à tous, avec
des lois hors du droit commun, des constitutions
hors de la constitution politique, des sociétés hors
de la grande société et vivant à ses frais ? Si c'était
tout encore ! si ces ardens cénobites se renfermaient
réellement dans leurs cellules, et voulaient bien ne
plus agiter le monde, aux agitations duquel ils prétendent se soustraire ; nous paierions volontiers
leurs vœux de pauvreté ; mais, Monsieur, séchez
les larmes que leurs austérités et leurs vertus font
couler de vos yeux, et regardez ce qui se passe.

L'esprit monastique anime une multitude de
corps très dispos, très actifs ; ses pieux loisirs ont
une large part aux fruits du travail ; ses fêtes sont
protégées par la force publique ; ses retraites se
multiplient et s'embellissent comme par enchante-
ment ; il a un budget avoué et un budget mystérieux. Lui plaît-il de donner le spectacle de ce que
vous appelez un rassemblement de prières ? La
gendarmerie lui sert d'escorte et de garde, cette
même gendarmerie qui foule aux pieds et qui sa-
bre le moindre groupe de citoyens revenant d'une
fête paisible et patriotique. Veut-il marcher à la
conquête des âmes ? Ses soldats missionnaires trouvent de puissans alliés dans toutes les provinces,

et c'est à qui leur ouvrira les villes, et leur ser-
vira de guide dans les campagnes. Si c'était une
troupe de protestans qui s'avisât d'aller prêcher et
convertir, il faudrait voir comme toutes les portes
lui seraient fermées, et dans quelle alerte seraient
les autorités! Qui ne se souvient des expéditions
électorales, de ces savantes et glorieuses manœuvres autour des colléges qu'on avait l'air de blo-
quer, de cette escouade détachée à la poursuite
d'un seul homme qui courait, à cheval, un al-
manach à la main? Vous semble-t-il toujours que
les entraves et la persécution soient pour l'esprit
monastique? Que désire-t-il encore? ce qu'il y a
de plus défendu, ce qui attirerait à tout autre un
procès criminel? Des associations, des réunions
secrètes? il n'y redoute point l'œil vigilant de
M. Franchet; il compte sur la discrétion de M. Delavau. Eux qui, prompts à intervenir ailleurs,
voient des complots dans tout cercle où l'on parle
politique, et jusque dans les *goguettes* où le peuple chantait, n'aperçoivent rien qui puisse éveil-
ler leur sollicitude dans les conciliabules que pré-
side de loin un chef étranger, qui correspondent
avec Rome, Mayence, Madrid, Lisbonne, avec
l'Irlande, avec la Belgique, avec tous les points
de la France; dans les conciliabules où délibèrent
les disciples de M. de Maistre, où peuvent se glisser des Maingrat et des frères Chardon.

Pardonnez si, à ce dernier nom, je ne puis m'em-

pêcher de m'interrompre et de céder à un mouvement de curiosité. Le frère Chardon joue un grand
rôle dans la *petite gazette*, et il n'en est pas dit un
mot dans le réquisitoire. Qu'est-il devenu, avec sa
congrégation de saint Charles-Borromée? Il voulait
aussi, pour parler votre langage, *reconquérir am-
bitieusement le titre de serviteur des malades*, et on
l'accuse d'avoir voulu hériter d'eux sans testament.
Mais depuis qu'il est arrêté, on n'en fait nulle mention : quand sera-t-il jugé? Sera-ce après ou avant
le procès de tendance? Il me semble que sa cause ne
serait pas inutile à la nôtre, et qu'elle jetterait un
nouveau jour sur la manière dont se fondent les
confréries, sur les garanties qu'on exige, sur leur
organisation intérieure, sur ces refuges enfin où le
remords, dites-vous, va chercher dans la pénitence
des préservatifs contre la tentation. Vous voyez que
le préservatif n'est pas toujours efficace. D'où vient
qu'on presse si peu les débats de cette affaire quand
on pressait la nôtre avec des instances auxquelles
M. le premier président n'a pas répondu? Si mes
questions paraissent indiscrètes, elles ne sont pas du
moins inopportunes; et j'en aurais bien d'autres à
faire à M. le procureur du Roi, qui semble m'y en-
gager lui-même par une déclaration dont la forme
est singulière et le sens obscur. Je suis bien persuadé
que Chardon est le seul fourbe qui ait pris le masque
religieux, et qui, en s'habillant à sa fantaisie, comme
vous dites, ait eu une fantaisie fort vilaine; je suis

également persuadé que Maingrat est le seul confes-
seur auquel il ne soit pas prudent de confier sa
femme ou sa fille : mais n'est-il aucune peccadille
dont on étouffe le scandale judiciaire ; n'est-il aucun
péché qui obtienne des indulgences ; n'est-il aucune
peine dont on adoucisse ou dont on abrège la rigueur? Cela regarde MM. Franchet et Delavau
plus que vous, je le sais ; mais vous pouvez du moins
me donner l'explication de cette phrase dont je remarquais tout à l'heure la singularité : « Les magis-
» trats, pour rechercher personne, ne prennent pas
» l'ordre des factieux ; ils n'accueillent pas avec do-
» cilité toutes ces vaines rumeurs qui dénoncent des
» soupçons vrais ou affectés ; ils ne poursuivent pas
» ceux que la loi ne leur permet pas de poursuivre.»
Si des rumeurs, quelque vaines qu'elles fussent, au
lieu de signaler des jésuites, dénonçaient des *carbo-
nari*, est-ce que vous ne les accueilleriez pas? La
tendance d'une foule d'écrits dont je ne veux point
me faire le dénonciateur est-elle un soupçon affecté,
et la nôtre seule un soupçon vrai ? Enfin, qui la loi
ne permet-elle pas de poursuivre, s'il a donné lieu
à des poursuites ? Car il ne s'agit probablement pas
d'un homme qui ne serait prévenu d'aucun délit ;
celui-là, non-seulement la loi ne permet pas, mais
elle défend qu'on y touche. Ce qu'il y a de plus clair
dans votre déclaration, c'est que nos actions et nos
personnes sont du nombre de celles qu'on est ample-
ment autorisé à poursuivre. Nous nous félicitons

toutefois, Monsieur, de ce que vous ne prenez point l'ordre des factieux. Vous nous donnez ainsi l'assurance que les partisans et peut-être les complices des factieux de Madrid et de Lisbonne sont étrangers à la guerre que l'on fait à la presse périodique; que dans la lutte particulière que nous avons à soutenir, les articles incriminés par vous ne sont point l'objet de rumeurs suspectes; qu'ils n'ont point été notés par une censure occulte; qu'ils ne vous ont point été communiqués par elle sous la forme d'un de ces rapports auxquels ne président ni l'équité ni la loyauté, et où l'on ne présente que le côté le moins favorable aux accusés; et si nous avons le chagrin de reconnaître que vous lisez les feuilles libérales d'un œil bien prévenu, du moins faut-il vous louer de les avoir lues, d'avoir jugé par vous-même, et de n'avoir pas prêté aveuglément votre ministère à un parti, et couvert de votre seing les apostilles de la délation.

Ce réquisitoire est donc bien le vôtre, Monsieur, et le malheur veut qu'il soit dirigé contre l'esprit du siècle, comme s'il était dicté par l'esprit monastique; le malheur veut qu'il ait pour conséquence de détruire l'unique contrepoids qui nous empêche de verser dans l'ornière du fanatisme. Avec les meilleures intentions du monde, vous débarrassez celui-ci du seul frein qui l'arrête, de sorte qu'il n'aurait pas mieux fait lui-même. Organisé, impuni, riche, redouté, pouvoir au milieu et souvent au-dessus des pouvoirs politiques, un parti religieux, si on l'en croit, trouve dans les organes de l'opinion publique une dernière résistance, et votre zèle s'empresse d'aplanir cet obstacle, et la presse dénoncée par lui est aussitôt attaquée par vous. Pour être involontaire, la rencontre est heureuse, il faut en convenir; et bien des gens, après s'être concertés, ne marchent pas avec un plus parfait accord. Du système général, la communauté de vues s'étend jusques aux détails; et avec les mêmes sympathies, vous avez les mêmes antipathies. Le parti redoute surtout le ridicule, ce supplément des lois françaises; vous l'avez en horreur dans nos écrits, quoique vous soyez plus indulgent pour les siens et pour les vôtres. Innocent, lorsque c'est vous qui l'infligez, criminel à vos yeux lorsque nous en fustigeons nos adversaires, le voilà, dans notre bouche, signalé comme l'indice d'un complot. Votre arme favorite, l'ironie n'est plus, à vous entendre, qu'un poignard entre nos mains; vous l'en arrachez, quand c'est notre seule défense contre l'injure et l'outrage. Si la chose dénoncée devient la chose jugée, c'en est fait, on ne pourra se moquer du monde que dans de pieuses déclamations ou de graves réquisitoires; c'est l'esprit monastique qui persiflera désormais l'esprit du siècle, condamné à une morne résignation.

Mais y songez-vous bien, Monsieur; et n'est-ce pas un renversement de l'ordre naturel des choses, et une étrange nouveauté dans l'empire religieux, littéraire et politique ? Rassemblez vos souvenirs, repassez dans votre mémoire les lectures de votre jeunesse et peut-être celles de votre âge mûr. L'entreprise que vous formez est sans exemple ou plutôt elle est contre tous les exemples. C'est au dix-neuvième siècle une révolution qu'on n'aurait pas tentée au quinzième. Si on proclame les moines inviolables contre la raillerie, ce ne sont plus les feuilles du jour qu'il faut suspendre ou supprimer, ce sont des bibliothèques entières qu'il faut réduire en cendres ; c'est une montagne de livres qu'il faut faire sauter avec de la poudre à canon, pour opposer une invention infernale à l'invention plus infernale encore de l'imprimerie. Hélas ! vous le savez : les portes mêmes de l'inquisition n'ont point prévalu contre elle. Faites plus que l'inquisition, ou vous n'aurez rien fait. Brûlez, en premier lieu, la plupart des poètes italiens, et même quelques tableaux. Brûlez en France, je ne dis pas les écrivains du siècle dernier, mais nos vieux romanciers, nos mystères, nos noëls, nos chansons, notre théâtre ; brûlez Rabelais, la satire Ménippée, La Fontaine, Boileau, que sais-je ? il faudrait tout nommer. Que ces mille greniers à sel antimonacal pétillent pour la dernière fois au milieu des flammes qui doivent dévorer auparavant l'histoire, et surtout l'histoire de l'église et des papes, *que je lis pour m'édifier*, dit le savant de Rica, *et qui fait*

3..

souvent en moi un effet tout contraire. Car les
peintures naïves sont les plus piquantes, et la vérité est la plus terrible des épigrammes. Anéan-
tissez enfin les livres, depuis qu'il y a des ordres
religieux ; et cela terminé, déclarez une guerre à
mort à notre langue elle-même, dont une foule d'i-
mages, de locutions, de proverbes, portent l'inef-
façable empreinte du ridicule versé non-seulement
sur les moines, mais sur tous les membres du
clergé, à commencer par les pontifes romains.
Vous n'avez peut-être jamais réfléchi à la quantité
de venin, c'est-à-dire à la quantité d'idées toutes
faites que renferme la langue d'un peuple très ci-
vilisé, et que chaque enfant suce avec le lait de sa
nourrice et respire avec l'air qui résonne à son
oreille. Il est donc indispensable de retrancher, par
arrêt, cette horde de mots, derrière lesquels se cachent autant de pensées ennemies. Cette expédition,
heureusement mise à fin, prohibez les traductions ;
prohibez l'introduction des ouvrages imprimés à
l'étranger, emprisonnez la France dans les murailles
de la Chine.

Que si vous vous arrêtez dans cette pieuse dévas-
tation de livres ; si la bibliothèque française n'est
pas une immense solitude où gisent çà et là quelques eucologes et quelques abrégés de l'Ancien et
du Nouveau Testament, si le langage n'est pas ré-
duit au nombre de mots strictement nécessaires au
besoin de la vie animale, tout est perdu : les idées

reviendront par les moindres issues, et le mal sera pire qu'il n'était. L'esprit moqueur régnera de nouveau en France. Le grand inquisiteur des *crimes de la presse* ne prend lui-même que des demi-mesures. Préoccupé par les écrits modernes, nul ne songe assez aux écrits anciens, je dis aux écrits du bon temps.

Vous hésitez à proscrire en masse; vous voulez procéder juridiquement. Çà, Monsieur, commençons à instruire ce vieux procès, et à compulser cet énorme dossier de preuves et de révélations qui se peuvent malignement réimprimer quand il sera défendu d'imprimer des choses récentes. Quelle ample matière aux réquisitoires! Afin d'y mettre un peu d'ordre, établissons des catégories. Les choses plaisantes doivent nous occuper d'abord, comme étant les plus criminelles. Faisons main basse sur ces volumineuses annales, dont les héros d'ailleurs pieux déconcertent la gravité des lecteurs français; n'épargnons pas la fleur des saints; ses légendes sont trop gaies. Vous reculez, saisi de respect, devant cette poudreuse collection de sermonaires et de casuistes : hélas, dans notre siècle maudit, les uns passeraient pour bouffons, et les autres pour égrillards. Arrivons aux pasquinades, et arrachons-les de l'asile que Rome leur a imprudemment accordé. Grâce pour les brigands, mais point de pitié pour les auteurs de satires; en voici de quoi tapisser les murs de la cité sainte; jetons-les au feu, sans oublier cette longue affiche où sont relatées les amours de Lucrèce Borgia. Que serait-ce si l'on racontait l'histoire de toute la famille? mais ce nom épouvante et dégoûte plus qu'il ne fait rire. Nous restons dans notre sujet avec saint Aldhelme, qui, à l'époque où les religieux et les religieuses habitaient sous le même toit, affrontait la tentation de plus près encore et en triomphait, ajoute la chronique, car, dans le tête-à-tête le plus intime, il se bornait à réciter des psaumes. Ces vertus sont tellement éloignées de nos habitudes, qu'il est à propos de ne pas les offrir en exemple, de peur qu'elles ne trouvent des imitateurs qui aient moins de ferveur que saint Aldhelme pour la psalmodie. C'est à regret que je vous invite à déchirer cette page de la vie d'un bienheureux ; mais, de nos jours, quelque Parny en ferait mauvais usage. Un mot du pape Paul III nous fait voir qu'il ne regardait pas les religieux de son temps comme des Aldhelme. Il prétendait qu'on devait exempter de la juridiction séculière, non-seulement les ecclésiastiques, mais encore leurs familles et même leurs concubines. Je signale doublement ce mot, et au fonctionnaire séculier, et au partisan des mœurs sévères. Il ferait supposer que jadis on établissait une grande différence entre le vœu de célibat et le vœu de chasteté. Cette distinction que Paul III pardonnait à la faiblesse humaine, a été mise en pratique par bien des papes, depuis Innocent VIII, qui se vantait publiquement d'avoir des bâtards. Que ces anecdotes et mille autres qui amusent aux dépens du respect, disparaissent à jamais, et avec elles cette singulière sortie de saint Laurent-Justinien : *Les prélats*, s'écriait-il, *sont devenus la risée de tout le peuple, la fable de l'univers*. Peut-on bien lâcher une telle parole ! Vite, qu'on bâillonne saint Laurent. Il y a là de quoi divertir les libertins de tous les siècles, et surtout du nôtre. Que serait-ce donc si, au sortir de Jocko, ils allaient ouvrir de Thou, au chapitre où il nous apprend que Jules III fit cardinal un enfant de dix-sept ans qui excitait sa bonne humeur par la manière dont il jouait avec un singe ? Mais finissons-en par un coup d'autorité, et que la maréchaussée mette un terme aux facéties renouvelées de nos aïeux, en fermant les spectacles des confréries de bateleurs, des processions burlesques, des messes à intermèdes d'exercices chevaleresques et moresques qui se célébraient à Tolède.

Je vous amène moi-même, Monsieur, et je vous livre un coupable d'un esprit bien pernicieux, car à sa vue se dérident les fronts les plus austères ; il vous fera peut-être sourire : ce coupable, c'est Don Quichotte. Il faut l'entendre parler à un prêtre, en pays d'inquisition. Voici donc le chevalier de la Manche, l'amant de Dulcinée, descendu de son maigre Rossinante, dépouillé de l'armet de Mambrin, accueilli par un duc et une duchesse, et assis à leur table en face du directeur de la maison, ecclésiastique au maintien grave et vénérable, dit le narrateur Cervantès, mais au fond « un de ces prêtres hautains » qui se croient en droit de primer partout où l'on » veut bien les admettre; qui, soit bêtise, soit or- » gueil, soit l'une et l'autre en même temps, préten- » dent tout assujettir à leurs hypocrites momeries; » de ces prêtres enfin qui veulent, à toute force, » se mêler de tout dans la seule vue de tout blâmer, » et deviennent les fléaux des maîtres assez bons ou » assez faibles pour tolérer d'aussi révoltantes im- » pertinences. » Quel portrait, Monsieur! Mais je copie, et n'ai garde d'y mettre du mien.

Cet ecclésiastique, ayant apostrophé le duc du ton le plus acariâtre au sujet de Don Quichotte, est à son tour apostrophé par le chevalier des Lions avec une vigueur digne de ce nouveau titre : « Appre- » nez de moi », dit le maître de Sancho-Pança, aux comiques applaudissemens de celui-ci, « apprenez » de moi, vous qui devriez l'apprendre aux autres, » que les admonitions apostoliques et dirigées par » un zèle religieux, les seules tolérables de votre » part, doivent s'administrer avec plus de douceur, » d'égards et de circonspection; apprenez qu'enve- » nimées de fiel et d'arrogance, elles manquent » toujours leur but, et que ce n'est qu'à la faveur » de cette affectueuse onction qui en tempère l'à- » preté, qu'elles s'insinuent sans le blesser dans le » cœur du pécheur. Quelle mission de ma part vous » autorise à vous immiscer ainsi dans mes affaires

» domestiques?.... Quoi! des hommes, parce qu'ils
» ont végété quelques années entre les quatre murs
» d'un collége ou d'un séminaire, de pareils êtres,
» nécessairement pétris d'ignorance et de la plus ri-
» dicule vanité, se prétendraient faits pour gouver-
» ner partout! »

Viennent ensuite les épithètes de *tonsuré*, de *ché-
tif prestolet*, et les insinuations de *fallacieuse hypocrisie* appliquée au grand nombre des prêtres, tandis
que « beaucoup trop peu (je transcris) les seuls sages
» sans doute, et que l'on reconnaît, non pas à leur
» habit, mais à leur humilité, à leur modestie, à
» leur douce et céleste charité, sont les dignes apô-
» tres de la vraie religion. » Là-dessus, le prêtre
sort en colère, et en jurant, par le saint habit qu'il
porte, qu'il ne remettra pas les pieds dans la maison
tant que Don Quichotte y sera. Le duc se met peu
en peine de le retenir, et, après son départ, il est
d'avis qu'*on ne peut pas qualifier d'affront les invectives d'un prêtre*. Sur mon baptême, s'écrie Sancho,
le cher petit homme aurait eu la bouche fermée par
un soufflet bien appliqué, si Renaud de Montauban
eût été là!

Par Don Quichotte, il est bien heureux que nous
nous avancions ici sous le bouclier de ce héros! Que
deviendrions-nous si de nous-mêmes nous avions
dit que certains prêtres étaient les fléaux des maîtres
assez faibles pour tolérer leurs révoltantes imperti-
nences; si nous avions dit que, pétris d'ignorance

et de la plus ridicule vanité, ils se prétendent faits pour gouverner partout; si nous avions demandé quelle mission de notre part les autorise à s'immiscer dans nos affaires domestiques? Il ne manquerait plus que d'assaisonner cet audacieux discours des épithètes cavalières et des lestes propos que nous avons cités. Comme un bon réquisitoire serait venu fondre sur nous ! Comme il aurait éclaté en ces termes : « Voyez-vous percer la manie déchirante d'attaquer » le sacerdoce; il est temps que la justice ouvre les » yeux sur de telles fureurs ! » Mais, grâce au ciel, avec Cervantès, je suis tranquille; avec Don Quichotte, je suis aussi brave que son écuyer; car, j'espère bien, Monsieur, que vous ne traduirez pas le chevalier de la Triste-Figure sur les bancs de la Cour royale.

Mais l'habitude m'emporte; je me défends presque comme si j'étais en état de prévention, et j'oublie que c'est moi qui accuse, j'oublie que je me suis joint à vous, Monsieur, pour rassembler les élémens d'un réquisitoire contre tout ce qui pourrait, dans la réimpression des anciens ouvrages, porter atteinte à la considération du scapulaire ou de la mitre. Je sens que ce rôle ne me va pas. S'il faut s'armer contre tout ce qui fait rire dans un pareil sujet, nous ne sommes pas au bout. A peine l'avons-nous effleuré, et déjà nous avons mis en cause des chevaliers errans, des papes et des saints. Que serait-ce, si nous saisissions tout ce que ren-

ferme l'immense arsenal que nous ont légué nos
pères, si nous ramassions seulement les traits qui
couvrent les champs de controverse où ils ont ba-
taillé plus de mille ans? Il suffirait des invectives
ou des vérités que se renvoient les hommes de
Dieu pour salir vingt volumes. On intitulerait ce
recueil : Les Dévots jugés par eux-mêmes. C'est une
édition à laquelle vous ferez songer quelque libraire, en interdisant des critiques dont vous n'ap-
préciez pas assez la mesure et la convenance. Pour
moi, je vous dédierai seulement un résumé de l'histoire ecclésiastique. Je vous recommande le chapitre des mœurs, et celui des usurpations temporelles, et celui des violences et des cruautés : il
restera tout au plus assez de texte vraiment religieux pour remplir quelques pages. Dès le qua-
trième siècle, la dépravation est effrayante; ce sont
les saints de l'époque qui l'attestent. La cupidité
n'avait point de bornes. On défendit vainement aux
ecclésiastiques d'obséder les veuves et de recevoir
aucune libéralité des femmes auxquelles ils s'atta-
chaient sous prétexte de religion, suivant la remarque de saint Jérôme. Au cinquième siècle, l'œuvre
des moines commence à dégénérer, dit l'abréviateur
de Fleury. Il fallait peu de chose pour enflammer
leur zèle peu éclairé, et pour leur faire commettre
des violences incompréhensibles; et il en cite un
exemple, c'est le meurtre d'un gouverneur qui leur
déplaisait. Leurs fautes les plus légères étaient les

brigues et les cabales pour l'épiscopat. Au huitième siècle, l'esprit de domination et d'agrandissement s'empare des papes et les entraîne à toutes sortes d'artifices, dit le même historien; tout ce qu'il y a de plus sacré dans la religion est employé au profit de la politique. Au dixième, les pontifes mènent une vie infâme; le saint siége est couvert d'opprobre. Chacun les imite; la brigue, la simonie, tiennent lieu de vocation. Les pasteurs donnent des scandales de tout genre. Nous avons la peinture des maux de l'Église au quinzième siècle, par saint Laurent-Justinien. La plupart des prêtres, dit-il, sont livrés à la volupté comme des bêtes; ils ont des cœurs de pierre : presque tous sont des ignorans et des idiots. Nous voici au seizième siècle, auquel Léon X a donné son nom. Ce pontife eût été accompli, lisons-nous dans l'éloge qu'en fait un théologien, s'il avait eu quelque connaissance des choses de la religion, de quoi il ne se mit jamais guère en peine. Quant aux mœurs de cette époque, il n'est pas besoin d'en parler, déclarait-on au concile de Trente; personne n'ignore que le clergé et les pasteurs sont les corrupteurs et les corrompus. Ils l'étaient tellement dans le diocèse de saint Charles Borromée, qu'ils donnèrent lieu à ce proverbe : *Si tu veux te damner, fais-toi prêtre.* Mézerai assure que de la manière dont vivaient la plupart des évêques, leur absence causait moins de scandale à leur troupeau que n'eût fait leur résidence. C'est alors

que l'on voit clairement que l'ordre ecclésiastique
avait tiré à lui la juridiction temporelle avec les
biens et les richesses. Rome avait, par calcul, laissé
acquérir beaucoup de crédit aux moines; on essaie
de diminuer leurs priviléges peu évangéliques, Rome
s'y oppose; elle avoue, par la décision formelle de
Paul III, le même qui prenait un si tendre intérêt
aux concubines des ecclésiastiques, elle avoue qu'il
est nécessaire, pour le maintien de l'autorité du
saint siége, que les moines et les universités dépen-
dent entièrement de lui; et cet aveu est sanctionné
par l'assentiment du concile de Trente. Aussi, l'un
des historiens les plus estimés de ce concile, Fra-
Paolo, fait-il la réflexion qu'on ne saurait veiller de
trop près sur les moines, qui forment une monar-,
chie étrangère dans le cœur des états des princes
séculiers; réflexion qui a fait jurisprudence dans nos
parlemens, mais qui ne paraît pas vous frapper autant qu'eux. Du moins cet aperçu rapide doit-il
vous convaincre que ce n'est pas nous qui avilissons
les religieux, que c'est eux qui se sont avilis, que
c'est bien eux qui se présentent comme des artisans
de troubles et de discordes, que c'est bien eux qui
se sont décriés par leurs déréglemens, leur ambi-,
tion, leur ignorance et leur fanatisme. Il est vrai
que le faîte de la hiérarchie était digne des degrés
inférieurs. Aussi, Castellan, grand-aumônier de
France, fut si scandalisé du spectacle que lui offrait
la capitale de l'empire catholique, que même plu-

sieurs années après, il ne pouvait y songer ni en parler sans une grande émotion. Il poussait la chose si loin, qu'il croyait que la religion n'était à Rome qu'une pure comédie dont on se servait pour tromper le monde, afin de se conserver la domination. Rome sans doute et l'empire catholique ont bien changé depuis la résolution prise par Paul IV, de traiter les affaires temporelles en secret et les spirituelles en public.

· Obligé de franchir à pieds joints des siècles entiers, de courir sans même les indiquer sur des détails scabreux dont la table seule occuperait un gros volume, j'ai pourtant voulu vous ménager une surprise. Le quinzième siècle, que vous aimez tant, m'en a fourni l'occasion, et ces monastères dont vous tracez un si touchant tableau, en font les frais. Ne vous alarmez pas pour moi, j'ai mes autorités. Si, pour une philippique des plus sérieuses, je me suis mis sous la protection de Don Quichotte, pour des aventures dignes de Bocace et de La Fontaine, j'invoque le témoignage du bienheureux Ambroise, général des camaldules. Il convient de vous dire d'abord comment son *hodoeporicon* m'est tombé entre les mains.

Je voyageais dans le midi de la France, au moment où votre réquisitoire a paru. Il m'atteignit en route. Faut-il le confesser ? J'emportais avec moi une énorme liasse de papiers; c'étaient des lettres venues de tous les départemens, et relatives aux

affaires ecclésiastiques. Tout en les lisant, je pre-
nais des informations, et ces informations confir-
maient les plaintes dont ma correspondance était
remplie. Vous conter les petites usurpations, les
petites et les grandes querelles, les refus de sacre-
mens, les envahissemens de colléges et d'écoles,
les abus d'autorité, les connivences administratives,
les petites terreurs locales, serait chose infinie. Au
reste, j'aurais pu deviner la vérité à la seule démarche du moindre clerc d'église en province, et
à l'humble attitude des laïques. Dans chaque lévite
respirent la fierté, le pouvoir et les espérances de la
tribu entière. En dix années, nous avons, sous ce
rapport, reculé de plus d'un siècle. Averti par les
cahots, je remarquais le délabrement des che-
mins, qu'on me disait être compensé par le luxe
des chapelles et la splendeur des missions. Cela me
fit penser à la malpropreté des rues de Paris, qui
a un revenu de cinquante millions et un préfet de
police, lequel, à la vérité, va en carrosse à la messe.
Les millions de la capitale, me disais-je, iraient-ils
où vont les centimes additionnels des départemens?
J'allais me répondre à moi-même, lorsque nous
traversons les ruines d'un incendie. Il venait de dévorer un quartier d'une ville, dont le conseil municipal, ayant voté la dépense de deux belles cloches,
n'avait pas eu de fonds pour l'achat de deux pompes,
depuis long-temps réclamées par les habitans. Le triste
spectacle de ces décombres fit bientôt place à celui

d'un monument d'une architecture solide et sévère. C'était un bâtiment tout neuf et dans la plus charmante situation. Les villageois du lieu répondent en souriant à mes questions que c'est un couvent de femmes; que près de là on construit un couvent d'hommes; et que les deux enclos, très vastes et très bien plantés, sont séparés par une haie. Curieux de visiter cette retraite, j'en fis la proposition à l'un de mes compagnons de voyage, qui avait des relations dans cet endroit. Il me conduit chez le maire, lequel nous sert de guide et d'introducteur. Après quelques difficultés nous sommes admis. Les religieuses n'étaient pas cloîtrées; l'une d'elles, la supérieure, je suppose, nous fit avec beaucoup d'affabilité les honneurs de son petit gouvernement. Dans l'intérieur tout était d'une élégante simplicité; cent cinquante lits occupaient plusieurs dortoirs et un assez grand nombre de cellules. Des images, des prières, de courtes inscriptions pleines du feu divin, tapissaient la muraille. Des élans de ferveur et d'amour jaillissaient, sous la forme de légendes; d'une foule de cœurs percés d'un glaive, entrelacés, surmontés d'une croix ou d'une flamme. Le monastère servait d'asile à quelques femmes âgées et à un grand nombre de jeunes filles. Nous allâmes au jardin. Il est impossible de voir quelque chose de plus agréable. C'est un modèle de jardin anglais, où l'art n'a eu qu'à profiter des heureux accidens de la nature. Mouvement de terrain, bois vert et touffu, coupé d'allées sinueuses, dont les unes, en montant, vous offrent des points de vue admirables, dont les autres descendent jusqu'au fond de sombres bosquets. Un ruisseau se promène en murmurant à travers ce paradis terrestre. Nous allions pénétrer dans une allée couverte et profonde, lorsque nous rencontrâmes un homme jeune, d'une belle figure, qui semblait plongé dans la contemplation. Rien en effet n'est plus propre que ce lieu enchanté à entretenir les douces rêveries. On nous apprit que ce jeune homme était un missionnaire arrivé la veille avec quelques autres, pour prêcher les sœurs. Nous ne voulûmes point interrompre ses méditations; nous prîmes enfin congé des hôtes de cette pieuse solitude, et en sortant nous donnâmes un coup d'œil au monastère qui s'élevait dans le voisinage.

Je ne vous trompe point, Monsieur; l'Eden que je décris, je l'ai vu : je vous jure que si dans le nombre des parcs que j'ai parcourus, il en est de plus magnifiques, il n'en est pas d'aussi délicieux. L'impression que j'éprouvai fut si vive que je ne formai pas d'autre vœu que d'habiter, non comme religieux, il est vrai, une retraite semblable; et l'idée de je ne sais quelle félicité exquise est restée unie, dans mon imagination, à celle de ce jardin de couvent. De retour chez le maire, je lui lus quelques passages de votre réquisitoire, entre autres ceux qui concernent les plaisirs du cœur, les cara-

4

vansérails, les retraites voluptueuses ; et lui, me
présentant un livre qu'il venait de prendre dans sa
bibliothèque : Voici, dit-il, la *Tournée d'inspection
dans les Couvens,* par le bienheureux Ambroise ;
peut-être cette lecture vous intéressera-t-elle. J'ac-
ceptai, sans faire alors une grande attention à l'air
dont il accompagna ce présent. Je me le suis rap-
pelé souvent depuis.

J'ouvris assez nonchalamment le volume; mais
une fois ouvert, je ne pus le fermer qu'après l'avoir
fini. Avais-je tort? Vous en jugerez par quelques
traits. A peine le général des Camaldules a-t-il com-
mencé sa tournée d'inspection, qu'il reconnaît l'in-
discipline des soldats de l'Église. Ici, il rencontre un
petit libertin de moine (c'est son expression), *un
petit libertin de moine, qui vient, avec un grand
artifice de discours, lui demander à être directeur
d'un couvent de filles. Il fut tancé par moi d'une
façon vigoureuse,* ajoute saint Ambroise, qui, outre
la réprimande, fit boucher toute issue extérieure de
la communauté. Je n'ose dire à quelle sorte de maison il compare cette communauté, ni répéter le
terme qu'il emploie dans sa naïve indignation. Peu
s'en faut, dites-vous quelque part, qu'on ne nomme
les ermitages des mauvais lieux. Eh bien! c'est cela
même. Le saint emploie un mot équivalent et plus
vif. De cette maison, il passe à une autre, d'où un
moine s'était sauvé en habit de femme ; et il arrive
au moment où l'abbé lui-même s'enfuit, à son ap-

proche, et décampe à cheval, emmenant son mignon en croupe, pour revenir, à main armée, chasser le successeur qu'on lui donnait. Il fallut que la force publique intervînt. D'un autre côté, le directeur d'un ermitage de femmes favorisait l'évasion de deux sœurs converses; plus loin, au monastère de Saint-Salvius, saint Ambroise est éveillé au milieu de la nuit; et, un flambeau à la main, il court à la cellule de l'abbé, qui, après avoir congédié son Antinoüs, était accusé de l'avoir remplacé d'une façon plus conforme aux lois de la nature, mais non pas aux règles du couvent. A Bologne, un prieur entretenait un Ganimède; un autre gardait au lit, pendant des heures entières, un petit moine qu'il faisait venir nuitamment. Ailleurs, un religieux est arrêté pour vol; en ce temps-là il y avait aussi des frères Chardon. A Florence, une religieuse offre toutes les apparences de la grossesse; mais, vu le scandale et la honte de l'examen, Ambroise se borne à lui recommander le vœu de chasteté. A Saint-Mathias, le prieur et l'un de ses moines mettent l'épée à la main, et, de part et d'autre, se rangent les frères armés de bâtons; enfin le pauvre général ne savait à qui entendre.

« Mais ce fut le couvent de Sainte-Christine qui
» causa le plus de chagrin au bon père Ambroise,
» dit M. Aignan, qui a traduit l'Itinéraire pastoral.
» Il avait fait la visite de cette maison, et n'y avait
» trouvé que des motifs d'édification et de louange.
» L'office divin s'y célébrait avec un zèle et un re-

4..

» cueillement admirables ; tous les pieux exercices
» y étaient remplis de la manière la plus régulière
» et la plus fervente ; bref, le visiteur se retirait
» plein de joie, lorsque l'un de ses amis intimes
» vint l'avertir que ces religieuses si dévotes étaient
» presque toutes des........ (Je vous conjure, Monsieur, de ne pas exiger que j'écrive ce mot, et de
vous adresser à M. le préfet de police pour qu'il
supplée cette omission.) « Ces religieuses, si dé-
» votes, étaient presque toutes des........ ! Ac-
» cablé de cette révélation si peu d'accord avec ce
» qu'il avait vu, il chercha secrètement les moyens
» d'en vérifier l'exactitude ; mais ce fut en vain. Il
» eut la douleur de repartir sans pouvoir fixer ses
» idées. Ce ne fut qu'à un second voyage qu'il ob-
» tint la triste confirmation des détails qui lui avaient
» été donnés. L'abbesse avoua qu'elle-même avait
» fait un enfant. Ambroise, dont le secrétaire était
» resté malade à Venise, ne voulut admettre per-
» sonne dans la confidence de ces scandales, et il
» écrivit de sa main toute l'information. Les choses
» en étaient là, lorsqu'il apprit que la maison con-
» tiguë au couvent était occupée par des mili-
» taires, qui l'avaient louée tout exprès pour l'agré-
» ment et la commodité du voisinage. Il ne partit
» point qu'il ne les eût fait déguerpir ; et, quant aux
» religieuses, il paraît qu'il borna leur châtiment à
» une exhortation de mieux vivre. La licence du
» temps commandait beaucoup d'indulgence. »

En lisant ceci, je me disais à part moi : Que les personnes des deux sexes qui croiraient avoir quelque vocation pour le couvent, consultent saint Ambroise plutôt que l'auteur du réquisitoire. Celui-ci ne s'adresse qu'à leur imagination; le premier est plus positif et plus naturel : l'un vante des prodiges ; et les prodiges sont rares; l'autre dresse un procès-verbal des faits et gestes les plus humains et les plus habituels. M. Bellart s'exalte par l'exemple des combats livrés à l'humanité et des victoires remportées sur elle; saint Ambroise vous avertit en vous montrant le cours ordinaire des choses, et l'homme succombant sous la nature qu'il a voulu dompter.

Et en achevant cette réflexion, mes yeux se portent sur un nouvel exemple de cette vérité; permettez-moi de vous le raporter, Monsieur; je vous ferai grâce des autres. Ambroise arrive au monastère de Saint-Sauveur; là se trouvait un prieur qui ressemblait à l'oncle de M. Berchoux :

Respectable prieur, commandant à ses frères,
Il n'abusa jamais de ses droits temporaires.
Il aimait les mondains, se plaisait avec eux :
Le monde n'était point un enfer à ses yeux.

« Ce prieur fit voir à son général une traduction
» latine d'un discours d'Isocrate, très bien copiée
» par un jeune homme qui lui inspira beaucoup
» d'intérêt, et qu'il eut le désir de connaître; il se
» trouva que c'était le bâtard du prieur. Le pieux

» Ambroise fut un peu scandalisé de la découverte;
» mais le père et le fils menaient une vie si édi-
» fiante , qu'il n'eut pas le courage de les chagri-
» ner. Il se contenta d'exhorter le prieur *à se bien*
» *garer d'être pris une seconde fois au traquenard,*
» ce que celui-ci lui promit de tout son cœur. »

N'est-il pas vrai, Monsieur, que vous ne son-
giez guère au traquenard, ni au copiste d'Isocrate,
ni à l'abbesse devenue mère, ni au petit libertin
de moine, lorsque vous célébriez dans votre réquisitoire les mystères de nos modernes Memphis ?
Mais, au nom du bienheureux Ambroise, à quoi
donc avez-vous songé en nous repoussant du présent vers le passé ; en nous forçant à remuer une
vieille terre si fertile en anecdotes et en épigrammes
qui paraîtront toutes nouvelles ? Vous voulez que
la justice nous impose silence ; soit, nous nous
tairons ; mais Ambroise parlera pour nous ; mais
saint Jérôme répétera que beaucoup de directeurs
s'attachent aux femmes pour en recevoir des libé-
ralités ; mais une centième édition de l'histoire
ecclésiastique dénoncera les papes qui emploient
tout ce qu'il y a de sacré dans la religion au profit de la politique ; mais la sagesse des nations re-
dira, par la bouche de saint Charles-Borromée :
Si tu veux te damner, fais-toi prêtre ; mais un
grand-aumônier de France ne verra dans la religion de Rome qu'une comédie dont elle se sert
pour tromper le monde. Plus la discrétion de no-

tre âge sera forcée, plus les âges précédens devien-
dront indiscrets. L'opiniâtreté d'une part amènera
de l'autre la véhémence. Les scènes comiques seront remplacées par les tragédies du fanatisme; et
aux témoignages vivans qu'on refuse d'entendre
succéderont les révélations de la tombe. Alors seront évoquées les millions de victimes dont le sang
a rejailli d'une manière si funeste sur la religion
romaine ; et ces tableaux dont l'inscription seule
réveille tant d'idées horribles, ces tableaux des
massacrés américains, des hosties empoisonnées,
des sicaires en habits de moines, des guerres sa-
crées, de l'inquisition, de la Saint-Barthélemy,
de la révocation de l'Édit de Nantes, se déroule-
ront dans leurs hideux détails, se présenteront sous
un jour nouveau, et viendront s'unir à ceux que
nous offre le royaume de Philippe II, que, de notre
temps comme du sien, on appelle le royaume des
saines doctrines. Un Gilles-le-maître déclarera, en
plein concile, qu'il ne reste d'autre remède contre
les ennemis de Rome que celui qu'on a employé
contre les Albigeois, dont Philippe-Auguste fit mourir six cents en un jour; et contre les Vaudois,
dont quatre mille furent massacrés ou étouffés
dans les cavernes où ils se cachaient. Un Manri-
quez exhortera, en toute occasion, à extirper les
huguenots par le fer et par le feu; des magistrats
enjoindront de leur courir sus, et cet arrêt sera
lu tous les dimanches aux prônes de chaque pa-

roisse. Et ces actes et ces discours, rapprochés des
mandemens du patriarche de Lisbonne, des actes
de la junte apostolique, des écrits de la congréga‑
tion, de la loi de sacrilège, de la conformité des
saines doctrines, en diront mille fois plus qu'il ne
nous serait possible d'en dire avec la liberté de
la presse du jour, et devront à ce silence d'être
écoutés comme une grande leçon dont la Belgique
a su profiter.

Et voyez déjà, Monsieur, ce qui arrive. Vous
prétendez soustraire le sacerdoce, les moines eux-
mêmes, aux reproches sérieux et aux plaisanteries
piquantes : je soutiens que vous entreprenez une
tâche dont l'accomplissement est impossible ; que si
le présent est muet, le passé prendra la parole pour
lui ; qu'il existe un arsenal de traits qu'on n'épuise‑
rait pas en un siècle ; que vous allez rajeunir tout
ce qu'il y a de vieilli : je cherche quelques preuves
à l'appui de mon assertion, et je trouve, dans des
faits incontestables, dans d'inattaquables citations,
les railleries les plus poignantes, les plus accablantes
accusations ; j'y trouve la démonstration frappante
de cette pensée de Montaigne, qu'*il y a une distinction énorme entre la dévotion et la conscience*, deux
choses, soit dit en passant, Monsieur, que vous con-
fondez d'un bout à l'autre de votre réquisitoire. Je
continue à glaner quelques exemples dans le champ
de l'histoire religieuse, et je rencontre des considérations de la plus haute gravité politique. Ce que vous

trouvez mauvais que nous combattions, les gens
sages l'ont toujours combattu. Les abus sur lesquels
vous courez si légèrement se sont appesantis sur les
états, et sont devenus d'horribles et d'insupportables
fléaux. Ce qui n'éveille pas même votre sollicitude,
tenait les anciens magistrats toujours attentifs. Ces
questions, qu'une incroyable réaction soulève de
nouveau, après avoir soulevé le monde, étaient
tombées, de guerre lasse, dans le domaine de l'histoire, où elles se partageaient l'indignation et la pitié des lecteurs; et lorsque vous les donnez encore
à résoudre aux tribunaux, il appert qu'elles ont été
jugées par le temps, et que l'arrêt tant de fois confirmé avant et depuis L'Hospital a été rédigé en ces
termes par l'illustre et vertueux chancelier : *Les troubles qui ont agité l'Église et l'État ont eu pour cause
la conduite de l'ordre ecclésiastique* (1).

Après le témoignage de l'histoire, il ne vous
manquait plus, Monsieur, que d'avoir contre vous
la sentence du chancelier L'Hospital. Cela seul nous
console de votre réquisitoire. Notre cause est ga-
gnée, j'en jure par ce vénérable chef de la magistrature française, par ce philosophe intrépide au
milieu du délire fanatique. C'est lui qui disait encore
ce qu'on nous blâme d'avoir répété : « Le peuple
» est mal instruit; on ne lui parle que d'offrandes,

_____

(1) États tenus à Saint-Germain, en 1561.

»' et point de bonnes mœurs; chacun veut voir sa
» religion approuvée, celle des autres persécutée;
» c'est toute la piété d'aujourd'hui. » C'est lui qui,
après la conspiration d'Amboise, fut d'avis qu'on
pardonnât aux esprits égarés. J'espère que cette clé-
mence politique trouvera grâce à vos yeux. A toutes
les époques de dissensions civiles, c'est le meilleur
moyen de rétablir la paix publique. C'est lui qui
donna un édit pour empêcher l'établissement de
l'inquisition en France. Pour le coup, l'auteur d'un
pareil édit ne sera point le patron de Montrouge.
Mais que vois-je encore? son testament ne fait mention ni de messes, ni de prêtres; et, dans un temps
où les moines pullulaient, il conçut le projet de ré-
. duire tous les religieux à quatre ordres et à quatre
habits différens. Croyez-vous, Monsieur, que de nos
jours, ce grand magistrat eût voulu ressusciter des
ordres éteints, prêcher au peuple les dévotes offrandes au lieu des bonnes mœurs et de l'instruction, et
renouveler, en ravivant les prétentions ecclésiastiques, la cause des troubles qui ont si long-temps
agité l'Église et l'État?

ᴵ Mais je quitte, par égard, un homme dont la
vue doit vous occasionner quelque impatience; et
en retournant aux leçons politiques dont abonde
l'histoire religieuse, il m'est agréable de trouver celle-
ci d'accord avec vous sur un point. Vous l'avez dit
des couvens d'aujourd'hui, et cela est vrai des couvens de presque toutes les époques : *là se retirent*

des coupables ignorés, des caractères farouches,
des imaginations ardentes, des orgueils ombrageux:
mais y trouvent-ils la paix de l'âme, en laissant la
paix au monde ; ou bien leurs haines, leurs passions, leurs infirmités intellectuelles et morales, ne
viennent-elles pas s'échauffer, fermenter dans ce
foyer commun, pour se répandre de là plus âcres
et plus farouches, sur la société dont ils ont rompu
les liens, dont ils ont abdiqué les sentimens et les
devoirs ? C'est ici que s'arrête la conformité entre
vos paroles et l'expérience. Les violences des moines
du 4ᵉ siècle, leurs brigues de tous les temps, leurs
querelles plus d'une fois sanglantes, leurs processions pendant la Ligue, leurs sermons sous le règne
d'Henri IV, leurs usurpations temporelles, leurs
richesses immenses, leur suppression souvent sol-
licitée par les princes, toujours refusée par les pontifes ; leur réforme reconnue nécessaire, urgente
sous Louis XIV ; leur apparition, leurs cabales ;
leurs scandales au milieu de toutes les conquêtes,
de tous les bouleversemens ; ce titre de soldats du
pape qu'ils ont si bien mérité, leurs intrigues au
18ᵉ siècle même, leur humeur belliqueuse aujour-
d'hui en Espagne, leur alliance ou plutôt leur fusion
définitive avec les Jésuites en France, le malaise
et l'agitation qui en résulte, tout a prouvé définiti-
vement et prouve encore contre cette monarchie
étrangère au milieu des royaumes ; monarchie dont
le concile de Latran essaya vainement de resserrer

les limites, dont le concile de Calcédoine tenta inu-
tilement d'arrêter les désordres, dont le concile de
Trente, soumis à l'influence romaine, contraire aux
doctrines de l'Église gallicane, favorisa l'accroisse-
ment et la puissance; dont les folies et les atrocités
occupent une si vaste place dans les annales des
peuples modernes, qu'elles échappent à l'analyse, et
ne peuvent s'indiquer que par ce mot de L'Hospital,
que je vous demande la permission de répéter pour
la dernière fois : l'ordre ecclésiastique est la cause
des troubles qui ont agité l'État.

Encore existait-il jadis, au milieu de ces folies et
de ces atrocités même, un peu de bonne foi. Mais
aujourd'hui, quelle croyance est restée ferme et entière sur les débris avec lesquels le jésuitisme veut
reconstruire son temple beaucoup plus que le temple
du Seigneur? Le monde, doublement éclairé par
des excès contraires, s'avançait enfin vers la religion
morale, vers la religion évangélique, lorsque les
ultramontains accourent et le refoulent vers les pratiques superstitieuses. Et que prétendent-ils, si les
élémens de conviction n'y sont pas? Quels prêtres,
quels religieux, quels chrétiens feront-ils? Par quel
pitoyable et burlesque échafaudage tentent-ils de
remplacer l'antique édifice, œuvre des siècles et de
circonstances qui ne peuvent plus renaître? Les
voyez-vous, faisant briller d'une main l'or et les
faveurs, tenant de l'autre le fouet du sacrilége, de
la tendance et de la police, pousser un troupeau

confus vers la chapelle de Loyola? Il faudrait rire de
ces incrédules fabricateurs de croyans, si leurs efforts n'avaient pour résultat une dépravation monstrueuse ; si la dévotion, devenue, par eux, le mot
d'ordre et de passe, ne peuplait la France d'intrigans
hypocrites. Je veux bien supposer, Monsieur, que
la haute administration est pure de ce fanatisme de
calcul, le pire de tous; car le fanatisme qui croit
respecte quelque chose. Veuillez à votre tour vous
prêter à l'hypothèse contraire. Figurez-vous donc
un gouvernement dont les ministres et les principaux
fonctionnaires seraient des Tartufes. Ici la scène s'a-
grandit, et les moyens de nuire se multiplient dans
la même proportion. Ce n'est plus une famille, c'e t
une nation entière qui est la dupe et la victime du
pouvoir que je personnifie sous les traits d'un scélé-
rat. Celui-ci a, par la police, les secrets domestiques; par la confession, des secrets plus intimes,
encore. Ne vous récriez point, de grâce : je parle
de Tartufe, et sans cela même je pourrais vous citer
plus d'un exemple connu et avéré de l'indiscrétion
des confesseurs. Guillaume Daubenton, jésuite, con-
fesseur de Philippe V, n'ignorait pas le parti diplo-
matique qu'on pouvait tirer de la confidence des pé-
nitens, et à cet égard il vous est facile de consulter
la 13ᵉ livraison de la *France catholique*. Revenons
à mon Tartufe collectif ou ministériel, comme vous
voudrez. Confident, par ruse ou par force, des actions et des pensées de chacun, maître, ou peu s'en

faut, de la fortune, il devient encore maître des.
personnes, si son intérêt l'exige. Orgon et sa mère,
lui donnent l'appui de leur autorité; avec eux, il
dispose de Marianne, ou l'ensevelit dans un cloître;
avec eux il impose silence à Dorine, et chasse l'im-
prudent Damis, dont la franchise le gêne. Elmire
elle-même n'ose point faire un éclat; elle sait trop
qu'il y va de sa ruine et de la liberté de son mari.
Si ce dernier vient à ouvrir les yeux, il est trop
tard; les papiers que renferme sa cassette l'ont im-
pliqué dans une affaire d'état; Tartufe est tout-puis-
sant; c'est de lui que les exempts reçoivent leurs
ordres. En vain le généreux Valère accourt: favoriser la fuite d'un conspirateur, c'est être soi-même
complice de la conspiration. Toutes les issues sont
fermées à la vérité, à la défense; Tartufe triomphe;
et Orgon et les siens, traînés dans un cachot, vont
porter l'effroi dans l'âme de ceux qui commencent à
devenir moins crédules; de ceux qui, comme Damis, voudraient se livrer à l'impétuosité de leur âge,
ou qui, nouveaux Valère, allaient céder à un élan
affectueux et magnanime. Cléante lui-même, malgré son estime pour les vrais dévots, n'aura pas im-
punément fait rougir Tartufe. M. Loyal sera chargé
de prouver, dans un bon procès-verbal, que ledit
Cléante est un hypocrite; il ajoutera que c'est un
impie, un athée, qui, dans ses discours religieux,
outrage la religion.

Ah! il était temps que j'arrivasse à la fin de ce

tableau si comique au théâtre , si épouvantable, à réaliser. J'ai besoin de vous entendre dire, Monsieur, et de me dire à moi-même , que j'ai peur d'un fantôme créé par mon imagination : encore est-ce assez, pour justifier mes terreurs, de la simple possibilité de son existence; car elle est possible, Monsieur, elle est possible ; et devant cette idée , je ne sais comment un magistrat intègre , ami de son pays et de son roi, ne recule pas d'épouvante et de douleur. Que si cette image ne frappe pas vos yeux comme les miens, du moins une considération doit vous toucher. Votre intention n'est pas sans doute de rendre un mauvais service à la religion catholique; gardez-vous donc d'en parler; gardez-vous de nous la montrer au milieu de l'appareil juridique. N'entendez-vous pas retentir les cris qu'arrachent aux réfugiés des Pays-Bas les conséquences exclusives de la religion de l'État, telle que l'entendait le conseil de conscience de Louis XIV ? La mémoire de ce prince, à mesure qu'elle se dégage du prestige de l'adulation et de la gloire littéraire, s'affaisse sous le poids de l'indignation et du malheur d'un million de sujets. Bayle nous a conservé un monument de cette époque ; c'est un écrit intitulé : *Ce que c'est que la France catholique.* L'attaque ou plutôt la défense est terrible, et on peut la trouver éloquente. Je me borne à la citer; vous serez cause qu'on la réimprimera. Déjà on insinue que le catholicisme est incompatible

avec un gouvernement constitutionnel; on va répé-
tant ce mot que Montesquieu a mis dans la bouche d'Usbek : *J'ose le dire, dans l'état présent où
est l'Europe, il n'est pas possible que la religion catholique y subsiste cinq cents ans* (1); et cet autre
d'un auteur contemporain : « En exerçant un culte
dont l'origine est asiatique, le pontife italien et l'intérêt sacerdotal, les États catholiques sont privés,
humainement parlant, des avantages d'une religion
nationale (2). » Il en est qui vont jusqu'à redire ce
que déclarait un chancelier de France, au conseil
du roi, dans le 16ᵉ siècle, *qu'on peut être bon Français sans être bon chrétien.* Mais rien de tout cela
ne vous émeut, et vous méconnaissez les avis de la
prudence jusqu'à mettre en opposition, et pour
ainsi dire aux mains les protestans et les catholiques.
Montesquieu vous répondra pourtant que les premiers ont sur les seconds un avantage infini (3). Il
développera cette thèse que la Hollande, l'Angleterre,
les États-Unis ont pris soin de confirmer. Quel esprit de controverse vous anime contre une com-
munion chrétienne qui peut vous accabler du spectacle de ses mœurs, de sa foi sincère, de sa tolérance, de sa liberté, de sa prospérité? Il y a du

_____

(1) Lettres persanes, 117ᵉ lettre.
(2) Introduction au siècle de Louis XIV, par M. Lemon-
tey, page 338.
(3) Lettres persanes; 117ᵉ lettre.

vertige à la noter d'athéisme, et à la mettre en con‑
traste avec la piété des Espagnols et des Italiens.

. Vous vous alarmez sur le sort de la religion;
vos alarmes vous inspirent mal. Ce n'est point le
glaive qu'il faut saisir; ce n'est point le langage ac‑
cusateur qu'il faut faire entendre; le péril vient
des vôtres. S'il y a tendance contre la religion de
l'Etat, elle se trouve dans la conduite du clergé,
dans l'invasion des jésuites, dans les écrits de MM. de
Maistre et Lamennais, dans les paraphrases de leurs
disciples, dans votre réquisitoire, Monsieur. Aper‑
çus de loin, les vieux abus passaient pour exagérés,
le fanatisme même paraissait moins intolérable; on
a pris à tâche de nous les faire voir de près. Les per‑
sonnes mêmes qui reconnaissaient la vérité des té‑
moignages historiques contre les prétentions ultra‑
montaines, aimaient à se flatter qu'on se serait
amendé avec le temps; que l'antique colosse sacer‑
dotal se serait résigné à des proportions plus con‑
formes au piédestal qui le supporte, et qu'il aurait
revêtu une physionomie moins hautaine et moins
menaçante; ces personnes, aujourd'hui, avouent
l'erreur qui les avait séduites.

_ Vous vous alarmez pour la religion : homme de
peu de foi, qu'entendez-vous par ce mot? Si elle
vient de Dieu, elle n'a pas besoin de vous; née avec
le monde, parlant le langage convenable à chaque
époque, elle durera autant que le monde. Pensez‑
vous qu'elle n'ait pour se révéler à nous que les ap‑

5

parences sous lesquelles des esprits étroits ou intéressés prétendent la fixer à jamais? En vérité, le
grossier orgueil des Titans qui voulaient escalader
le ciel a fait place à une vanité contraire et non
moins folle : c'est aujourd'hui une troupe de nains
qui se jettent, armes et bagages, dans la cité sainte,
comme dans une ville assiégée qu'on va prendre d'as-
saut, si leurs bras ne la protégent. Vous vous rappe-
lez les commencemens de cette ère de laquelle nous
datons, et qui abolit la loi de Moïse et le culte des
idoles. Dans le nombre de ceux qui restaient encore
opiniâtrément attachés, sous le règne de Théodose,
à ce culte ruiné, se trouvaient des hommes intéressés, des prêtres, et quelques citoyens de bonne foi.
Ceux-ci eurent pour interprète le préfet Symmaque,
sur la probité duquel il ne s'élevait aucun doute.
Les vieux croyans imputaient les malheurs de l'empire au renversement des anciens autels. « Quelle
chose peut mieux nous conduire à la connaissance
des dieux, disait Symmaque, que l'expérience de
nos prospérités passées? Nous devons être fidèles à
tant de siècles, et suivre nos pères, qui ont suivi si
heureusement les leurs. » Puis, dans une prosopopée
qui produisit alors une vive sensation, Rome conjure les princes et les pères de la patrie de respecter
les années pendant lesquelles elle a toujours observé
les cérémonies de ses ancêtres, et ce culte qui a soumis l'univers à ses lois. Nonobstant la prosopopée,
les enfans firent autrement que leurs pères, et vous

conviendrez qu'ils ne firent pas mal. Ces enfans sont
nos ancêtres; les siècles ont passé sur le culte dont
la nouveauté alarmait de graves et honnêtes magistrats; et les discours qu'ils tenaient contre des
cérémonies que n'avaient pas connues leurs aïeux,
on les répète aujourd'hui presque mot pour mot
en faveur de ces cérémonies devenues anciennes. Il
semble que tout va s'écrouler si elles ne sont pas con-
servées jusque dans leurs abus. Nouveau Symmaque,
déjà, il y a trois ans, vous en appeliez aux siècles,
qui ont bien prouvé, disiez-vous, en faveur de vos
principes; et maintenant peu s'en faut que vous ne
fassiez parler la seconde Rome, qu'elle ne s'écrie
comme la première : « Grands princes, respectez
mes années pendant lesquelles j'ai toujours observé
les cérémonies de mes ancêtres, les cérémonies de
ce culte qui a soumis l'univers à mes lois. » Rome,
Monsieur, devrait se rajeunir au lieu de nous vanter
ses années, et d'en appeler aux princes. Que fait-
elle en ce moment même? Fidèle à la vielle étiquette
du Vatican, elle fait tomber tout le poids de sa colère sur la tête d'un évêque de la petite église, élu
à la manière de l'église primitive, et elle sourit aux
auteurs des croisades contre les chrétiens de l'Orient;
elle n'adresse pas un mot de blâme ou de reproche
aux prêtres espagnols qui ont tant de fois fait men-
tir cet adage que *l'Église a horreur du sang*; elle
comble de grâces et de dignités les écrivains qui
soutiennent encore les doctrines du fougueux Hil-

5..

debrand ; à l'entendre , les franchises gallicanes sont
autant d'hérésies , la monarchie constitutionnelle est
un régime révolutionnaire ; puis après cela , les
gens intéressés jettent un cri de fureur contre ceux
qui ne brûlent point d'encens à leurs autels ; et les
modernes Symmaque jettent un cri de désespoir.
Cependant les vrais croyans de la religion universelle, dont la bonne nouvelle fut proclamée par
le Messie, se fient au ciel qui saura bien conserver
ce qu'il a créé en nous ; qui cache et maintient l'u-
nité de sa loi sous les modes les plus variés. Pour
moi, j'ai toujours incliné pour laisser à Dieu le soin
de sa vengeance aussi bien que le soin de sa gloire ;
et la lecture récente de deux beaux ouvrages m'a
confirmé dans cette disposition. L'histoire des religions, qu'un philosophe français vient de traduire
d'un philosophe allemand (1), m'a complétement
rassuré d'une part contre l'athéisme, et m'a montré
de l'autre qu'on en était d'autant plus loin qu'on
s'éloignait davantage de la superstition pour se rapprocher d'un culte moral. Mais lorsque prenant pour
guide un écrivain lumineux et profond, j'ai considéré avec lui la religion dans sa source, ses formes

(1) Religions de l'antiquité, considérées principalement
dans leurs formes symboliques et mythologiques ; ouvrage traduit de l'allemand du docteur Frédéric Creuzer, refondu en
partie, complété et développé par J. D. Guigniaut, ancien
professeur.

et ses développemens (1) ; lorsque j'ai vu le sentiment religieux qui réside au fond du cœur humain,
s'échapper sous mille formes, et l'on pourrait dire
sous mille travestissemens divers ; lorsque j'ai assisté
aux opérations successives par lesquelles il brise ses
plus épaisses enveloppes pour en revêtir de plus ap-
propriées aux progrès du temps, et s'élancer plus di-
rectement jusqu'à l'Être-Suprême ; lorsque je l'ai
surpris à ces époques d'une civilisation avancée, où
les bornes de l'inconnu reculent devant la civilisation, se jetant dans la métaphysique et dans la spiri-
tualité ; lorsque, arrivé au moment où le domaine
de l'illusion est envahi par la science, j'ai contemplé
le sentiment religieux se repliant sur lui-même, se
réfugiant dans le for intérieur, cherchant pour se
manifester des formes simples et pures, que le cœur
et la raison avouent également ; qu'un tel spectacle
mis en scène et en action devant mes yeux m'a saisi
d'admiration pour les mystères sublimes de la Pro-
vidence, m'a rempli de confiance pour l'éternelle
durée et la perfection progressive des œuvres morales de Dieu !.... Toutes les religions appelées ainsi
en témoignage de l'existence et de la perpétuité du
sentiment religieux ne vous tranquillisent-elles point
vous-même, Monsieur, sur ce sentiment impéris-
sable qui survit, toujours plus digne de sa céleste.

_____

(1) C'est le titre de l'ouvrage de M. Benjamin Constant,
dont le second volume vient de paraître.

origine, à la fausse politique de tant de sacerdoces et aux lamentations des Symmaque.

Si vous n'êtes pas touché des mêmes considérations et des mêmes espérances, cédez du moins aux intérêts réels de votre foi, que compromet un zèle qui n'est pas selon la prudence. Il faut dire plus que jamais de bien des choses ce que disait à Léon X son grand-pénitencier, au sujet des indulgences : *ce sont des matières meilleures à passer sous silence qu'à mettre en dispute en ce temps-ci.* Eh mon Dieu ! pourquoi Rome a-t-elle dédaigné ses propres traditions, pourquoi est-elle moins habile aujourd'hui qu'autrefois ? Elle qui faisait alliance avec l'idolâtrie même ; elle qui se bornait à purifier les temples des payens, à baptiser du nom de ses saints les statues des dieux ; elle qui empruntait aux barbares des fêtes populaires, comme l'ancienne Rome leur avait emprunté des usages guerriers ; elle qui accomplissait enfin si heureusement pour le triomphe de l'Église cette parole de saint Jérôme : *Nous ne devons pas faire difficulté de nous accommoder des dépouilles du paganisme* ; comment se montre-t-elle si difficile, comment refuse-t-elle de s'accommoder des dépouilles de la civilisation, de s'allier aux lumières, à l'industrie, à la législation moderne ? Comment préfère-t-elle leur déclarer la guerre et courir la chance d'un combat malheureux ? Sa doctrine se serait aussi bien fondue avec la philosophie nouvelle qu'avec l'ancien platonisme. Une politique tout à la

fois adroite et pieuse aurait trouvé dans l'Évangile,
dans plusieurs Pères, des autorités qui en valent
bien d'autres. Que lui aurait-il fallu faire ? Modifier
peu à peu des détails de discipline, relâcher de prétendus droits tout ce qu'on perdra forcément ; revenir
à l'essentiel, à la morale du christianisme ; mettre en
pratique les recommandations de Jésus et des apôtres, qui voulaient dans le culte beaucoup de simplicité, qui n'ont jamais parlé de moines, ni de
congrégations privilégiées, qui préféraient les bonnes
œuvres à tout le fracas des cérémonies. Qu'aurait-il
fallu encore ? Exécuter la recommandation du concile de Nicée, qui s'oppose à l'introduction du faste
et de la domination séculière dans l'Église de Jésus-
Christ ; se ranger à l'opinion de Pie IV, qui pensait
que le mariage des prêtres est de droit positif, et ne
pas céder comme lui à cette considération que si les
prêtres se marient, il sortiront de la dépendance du
pape. On nous a conservé de Pie II un apophtegme
remarquable : « Si l'église occidentale, disait-il, a
défendu le mariage aux prêtres pour de bonnes raisons, il le leur faut permettre maintenant pour
d'autres raisons bien meilleures. » Elles sont devenues
mille fois meilleures encore depuis quatre siècles
que cet aveu est sorti de la bouche d'un pontife. Si
une concession si raisonnable et si utile coûte trop
aux préjugés, du moins pourrait-on accomplir enfin ce vœu adressé au concile de Trente par un roi
de France : que personne ne fût ordonné prêtre qu'il

n'eût un âge mûr et un bon témoignage du peuple.
Pour achever l'œuvre et la sanctifier en même
temps, on n'aurait eu qu'à se reporter aux premiers
siècles de l'Église, où tous les fidèles avaient part
aux délibérations, où nul n'était admis aux ordres
qu'à la pluralité des suffrages ; usage qui a duré deux
cents ans, et qui se concilie merveilleusement avec
le système constitutionnel ; on n'aurait eu qu'à faire
revivre cette époque où le clergé ne s'était point
encore approprié le nom d'Église, à l'exclusion du
peuple, pour s'en approprier les biens ; où les grades
ecclésiastiques n'étaient pas des dignités, des pré-
éminences, ni des honneurs, mais des charges et
des ministères que saint Paul appelle des œuvres.

Voilà, Monsieur, par quelle voie religieuse il
fallait procéder en faveur de la religion, qui n'aurait
pas eu besoin alors de s'armer de lois pénales et de
réquisitoires. Des réquisitoires religieux ! cette alliance de mots est presque un blasphême ; mais elle
a une portée politique plus déplorable encore. Vous
ne voyez peut-être dans tout ceci que la suspension
de deux journaux ; et déjà ce mal est grand : car
non seulement il atteint dans leur propriété des
hommes qui ont le droit de penser que leur franchise était louable et utile, il punit une bonne action ; mais il altère des organes de l'opinion ; il les
condamne pendant quelque temps à un silence ab-
solu sur toutes les vérités, sur toutes les réclamations, et pendant un long temps à une hésitation

fort pardonnable, mais fort dangereuse, sur les points qui intéressent le plus la France, laquelle souffrira, sans qu'on ose le dire, des abus et des excès que la plainte publique rendrait moins nombreux ou plus tolérables. Toutefois cette conséquence de notre condamnation disparaît devant celle qu'entraînera un premier acte de rigueur exercé au nom de la religion de l'État. Je vous le disais en commençant, je vous le répète en finissant : cet avantage obtenu, croyez-vous qu'on s'en tienne là ? Le code politique n'est rien auprès du code sacré. Voulez-vous connaître celui-ci ? Je ne vous renverrai pas aux convertisseurs de l'Inde, aux auto-da-fé, aux bulles de Grégoire VII et de ses successeurs ; je ne vous renverrai ni au *stratagème* de Charles IX *conduit par la volonté toute-puissante de Dieu, qui, touché de miséricorde, a visité son peuple*, dit un contemporain ; ni à la révocation de l'édit de Nantes, que Louis XIV *devait à la religion*, suivant l'avis du conseil de conscience, ni à toutes les anciennes lois de lèze-majesté divine ; mais je vous dirai : lisez le livre de *Samuel* tel qu'on l'a interprété, tel qu'on l'a souvent appliqué, lisez le *Politique sacrée* de l'évêque de Meaux, lisez surtout M. de Maistre, puisqu'il fait école, lui qui, de conséquence en conséquence, est amené par son système religieux à ne voir dans les supplices que des holocaustes agréables à Dieu, et nécessaires à la splendeur des autels ; lui qui conclut par élever le bourreau à une sorte de ministère et de sacerdoce mystérieux. Lisez encore les discours des membres de la chambre des pairs qui ont voté en faveur de la loi du sacrilége : l'un d'eux, il m'en souvient, prétendait que tuer un homme, ce n'était pas le juger, c'était le renvoyer devant son juge naturel. Lisez enfin M. de Lamennais : il vous apprendra ce que c'est qu'un prêtre, et vous donnera la définition de la religion de l'État, qui est avant tout la religion catholique romaine. Seule vraie, et par cela même, nécessairement, exclusive, absolue, *elle doit être placée à la tête de la société, la pénétrer toute entière ; elle est la loi commune, la source des autres lois ; hors d'elle, il n'y a ni ordre, ni vérité, tout est idiotisme, athéisme, matérialisme; de sa souveraine autorité découlent toutes les autres ; elle est le suprême législateur. Toute sentence de mort, si elle n'est pas un meurtre, est rendue au* nom *de Dieu.* Et quant aux hommes qui ne partagent pas ces doctrines du droit divin, c'est *une race détestable et maudite* (1). Et l'on sait que toute race maudite tombait sous le glaive du Seigneur dans les beaux jours de la théocratie juive, où nos catholiques vont puiser leurs inspirations et leurs doctrines bien plus souvent que dans l'Évangile.

(1) *De la religion considérée dans ses rapports avec l'ordre politique et civil*, par l'abbé F. de La Mennais.

Poursuivez donc, Monsieur, si vous en avez le
courage, la carrière où vous entrez sous les auspices
d'une religion qui, aujourd'hui, reçoit de pareils
commentaires, se présente avec une pareille jurisprudence et de semblables exemples ; qui, demain,
peut avoir pour ministres politiques ces juriscon-
sultes et ces commentateurs. Premier vengeur de la
majesté divine, préparez les voies, ouvrez un accès
plus facile à ces prophètes pour lesquels nous sommes
des Amalécites ; à ces législateurs de qui découle
toute autorité, à ces grands sacrificateurs qui pla-
cent le bourreau sur les marches du sanctuaire, à
ces hommes de Dieu, qui, en son nom, revendi-
quent le droit de vie et de mort, non pas pour tuer
un coupable, mais pour le renvoyer, comme prévenu, devant le souverain juge ; à ces conseils de
conscience, aux yeux de qui l'extermination des
protestans est un devoir et une action très chrétienne.
Du moins, si la leçon est terrible, elle sera long-
temps profitable.

Mais, qu'ai-je dit ? Non, je ne suis pas de ceux
qui se consolent du mal présent par le bien avenir.
J'aime mieux que celui-ci arrive plus lentement et
qu'il soit acheté moins cher. Je vous renouvelle
donc, avec les plus vives instances, la prière que je
vous ai déjà faite. Rappelez-vous le passé ; que votre propre expérience ne soit pas perdue pour vous.
Dix années ont changé l'aspect de bien des choses ;
supposez dix années encore vous séparant déjà des

circonstances actuelles. Que le monde politique dont le salut vous a coûté des efforts si violens et si peu utiles vous tranquillise sur la destinée du monde religieux. Des violences nouvelles ne seraient pas moins infructueuses, et bientôt apprécieraient sans doute des regrets tardifs. Arrêtez-vous dès le premier pas, de peur de glisser sur cette pente rapide; et si malheureusement un réquisitoire une fois lancé doit suivre son cours, l'effet du moins peut être amorti par son auteur. Quelle cour de justice condamnerait des accusés pour qui plaiderait l'accusateur lui-même? A un aveu si honorable et si éloquent vous ajouteriez une considération puissante, si un moment d'irréflexion et d'humeur peut décider d'une attaque contre notre plus précieuse et presque notre unique garantie, cette attaque imprudente peut tomber aussi et mourir au pied d'un tribunal auguste et calme; ce tribunal, investi par la loi qui met entre ses mains le sort de la presse périodique, d'une magistrature immense, tutélaire, devient un pouvoir modérateur entre l'opinion publique et l'administration, entre la nation et les ministres auxquels il impose un frein et une peine morale alors même qu'il n'a pas le droit de les juger.

On nous représente un des accusateurs de Socrate, celui qui entraîna la perte de ce philosophe, Anytus enfin, comme un honnête homme fort en tête des lois rigoureuses qui protégeaient la religion de l'État. Il crut rendre un grand service à ses

dieux en leur immolant un homme qu'il appelait
aussi un athée. Un savant, jeune et célèbre traduc-
teur de Platon, prétend que les juges et l'accusa-
sateur avaient *légalement* raison. Cela est possible;
mais équitablement, humainement, religieusement,
ils eurent grand tort. Le remords populaire, l'indignation des siècles ont fait justice de leur justice;
et Socrate, martyr de leur atroce piété, a reçu
la couronne de l'immortalité religieuse. Il n'y a
point de Socrate dans notre affaire, et je pense qu'il
n'y a point d'Anytus; mais c'est la religion de
l'État dont on invoque les rigueurs contre les apôtres
de la philosophie morale; c'est nous qu'on traite
d'impies et de sacriléges; et le temps prouvera où
est le sacrilége et l'impiété.

Il est une autre similitude pour laquelle l'épreuve
du temps n'est pas nécessaire. Aujourd'hui comme
alors les dépositaires du pouvoir sous lequel on est
si rigoriste en matière de croyance sont peu rigides
en morale pratique. A quelles manœuvres, à quelles
intrigues, à quels moyens de corruption répugnent
nos hommes d'état? C'est pour eux qu'on a créé
l'expression d'encan des consciences. Pour une im-
pudence inouïe, il a fallu un terme nouveau. Ils
bravent et la critique, et le reproche, et la pudeur
publique; par eux l'immoralité déborde jusqu'à exciter le dégoût; elle arme déjà nos jeunes satiriques
du fouet de Juvénal. A côté du nom de ceux-là
même qui s'affichent comme dévôts, se place la

qualité d'agens de la police. Voilà les saints de
votre religion d'État. L'un est à la tête de cette armée occulte qui épie les citoyens pour les trahir,
qui ouvre les lettres, arrête les courriers, les voya-
geurs, embauche les traîtres diplomatiques, tend ses
filets sur l'Europe entière; l'autre a quitté la prési-
dence d'une Cour d'assises pour diriger l'espionnage
des rues, des cafés, des prisons, des lieux publics
qu'on n'ose pas même nommer. Jugez des subalternes
par les chefs, et de ceux qui se cachent par les hommes
qui marchent tête levée, ayant toujours le mot de religion à la bouche. La dépravation a tellement gan-
grené les diverses parties du corps administratif,
qu'elle vous touche vous-même à votre insu. N'êtes-
vous pas membre du corps municipal de la ville de
Paris ? A ce titre, n'avez-vous pas traité de la ferme
des jeux, ce piége tendu à toutes les passions hon-
teuses ; cette agence provocatrice de la misère et de
la cupidité, ce guet-à-pens en permanence où pé-
rissent tant de fortunes, et où le meurtre moral
est souvent suivi du meurtre physique ? Vous, complice involontaire ou forcé, mais complice enfin
d'un abus odieux contre lequel nous n'avons cessé
de nous élever, vous nous prodiguez les accusations,
les injures même, et vous n'avez de douces paroles que pour la dévotion qui exploite les jeux, la
police, le budjet et le pouvoir ! Il faut que cette dévotion soit un baptême perpétuel qui lave de toutes
les iniquités. Un magistrat dont vous ne récuserez

point le témoignage, pensait bien différemment.

« Ignorez-vous donc, disait-il, que dans ces der-
» niers temps, nous avons vu des hommes qu'on
» soupçonnait de peu de piété, devenir tout-à-
» coup politiquement dévots? Mais observez bien
» la conduite de ces dévots posthumes ; ils se
» démasquent eux-mêmes par la discordance qu'ils
» laissent régner entre leurs maximes et leurs ac-
» tions; de fastueuses génuflexions dans les tem-
» ples ; dans leurs maisons, l'égoïsme et l'orgueil ;
» au pied des autels, la cendre, la haire et les
» sanglots de pénitence; tous les plaisirs et toutes
» les voluptés dans leurs délicieuses retraites. »

Qui s'exprimait ainsi, Monsieur? Votre rougeur
vous a nommé. Oui, Monsieur, c'est vous-même.
Et à quelle époque? C'était à cette époque que vous
devez vous rappeler avec regret; vous défendiez
alors, vous sauviez des accusés politiques. C'était
peu de temps avant l'empire; certes, les hypocrites
de ce temps n'étaient ni en grand nombre, ni en
grande autorité. Vous n'en fîtes pas moins bien de
les signaler avec une énergie, dont je voudrais que
vous eussiez conservé quelques restes. Depuis l'empire, ces hommes politiquement dévots, comme
vous dites, ces hommes capables de tout, comme
dit Bourdaloue, ont fait un chemin effrayant. Ils en
sont à ce point dont parle l'orateur chrétien :
« Veulent-ils pousser une vengeance? rien ne
» leur résiste. Veulent-ils supplanter un adver-

» saire ?, ils sont tout puissants ; veulent-ils flétrir
» la réputation du prochain et le décrier ? leur
» seul témoignage ferait perdre le procès à l'inno-
» cence même. C'est par la voie d'une fausse piété,
» qu'on voit les plus faibles sujets s'élever aux
» plus hauts rangs : les hommes les moins dignes
» de considération et de recommandation, être
» néanmoins les plus recommandés et les plus
» considérés, et sans aucun titre ni d'autre mérite
» qu'un certain air de réforme, emporter sur qui-
» conque la préférence et s'emparer des premières
» places. Or, je vous demande s'il est rien qui
» doive plus attirer notre aversion et notre in-
» dignation, »

Et je vous demande, après Bourdaloue, pourquoi cette aversion et cette indignation que vous
faisiez éclater il y a vingt ans, ont fait place à l'apo-
logie de dévotions au moins suspectes, et au silence
sur une société de *dévots politiques* qui se sont nommés tels eux-mêmes (1) avant que vous eussiez ainsi
désigné les hypocrites ? Cette société s'enveloppe
encore de quelque mystère ; mais elle se fait
assez connaître par ses œuvres. Ces saints ambi-

---

(1) Le père Varemberg, panégyriste de saint Ignace, dit
de ce fondateur de l'institut des Jésuites : il fut *chrétiennement
politique et saintement ambitieux ;* sa société est établie pour
diriger les rois et conquérir l'univers.

tieux poussent à la vengeance : est-ce que rien ne
leur résistera ? Ils veulent supplanter leur unique
adversaire, la presse libre : seront-ils tout-puis-
sans ? Leur seul témoignage nous fera-t-il perdre
notre procès ? Ah ! reveniez, Monsieur, revenez à vos
premiers erremens. Soyez fidèle à vos plus beaux
exemples. Ne couvrez point du manteau légal ceux
qui se démasquent eux-mêmes par la discordance
qu'ils laissent régner entre leurs maximes et leurs actions ; que l'égoïsme et l'orgueil ne s'élancent point,
sous votre égide, du pied des autels pour nous traîner
au pied des tribunaux ; ne prêtez point les mains
à ce projet qui se divulgue déjà, à ce projet in-
sensé, mais momentanément funeste, d'*hébéter et
d'abâtardir les hommes par la religion*, suivant
l'expression d'un historien qui nous montre les
papes faisant, depuis dix siècles, par leurs censures
et leurs *index*, la guerre à tous les écrits qui dévoilent les usurpations ecclésiastiques ; n'aidez point
les démolisseurs de la presse à reconstruire, sous
la protection des ténèbres, avec les débris mêmes
de la littérature et de l'histoire, cet édifice de men-
songe qui s'écroulerait sans doute, mais à la suite
de commotions qu'un bon citoyen doit redouter,
qu'un magistrat doit prévenir. Que si prêt à céder
à des raisons dont l'évidence doit vous frapper
enfin, vous entendez quelques faux amis du prince
vous exciter contre nous, en son nom calomnieu-
sement emprunté, si ces échos de Rome vous redi-

sent que les partisans des libertés gallicannes et constitutionnelles sont les protestans de l'époque; rappelez-vous, rappelez-leur ce triste éloge que du Ferrier faisait de Charles IX au Concile de Trente : « Qu'il lui était facile de retenir dans le devoir des » sujets naturellement portés à l'obéissance, mais » que pour conserver l'autorité du pape en France, » il mettait au hasard son État, sa vie et les biens » de sa noblesse. »

FIN.

Imprimerie de HUZARD-COURCIER, rue du Jardinet, n° 12.

www.ingramcontent.com/pod-product-compliance
Lightning Source LLC
Chambersburg PA
CBHW070908280326
41934CB00008B/1628